De guddommelige virkeligheter

De guddommelige virkeligheter

De Guddommelige virkeligheter

Del 1&2

Forfatter Tom Arild
Norsk Bibel, 1930 og
King James Bible brukes

De guddommelige virkeligheter

ISBN 978-82-93410-16-4

De guddommelige virkeligheter

De Guddommelige virkeligheter

Forfatter: Tom Arild Fjeld
© Tom Arild Fjeld
Utgave: 1- utgave mars 2017
ISBN 978-82-93410-16-4
Tro og visjon forlag
Layout: Frank Håvik
Tekst: Times New Roman 13
Kapittel: Lucida Handwriting 180

De guddommelige virkeligheter

Forord

Denne boken er skrevet på forespørsel fra venner som deltok på undervisning jeg hadde. De ønsket jeg kunne skrive en bok som enkelt forklarte de åndelige, sjelelige og legemlige virkeligheter. Og hvordan vi som kristne skal kunne takle dem og komme inn i et liv i seier, gjennom forståelsen av dette. Det er skapelsen det er snakk om. Gud Jehova, "den selveksisterende som åpenbarer seg og er evig".

Ordets bruk i tro

Vi har et definisjonsspørsmål og et trosspørsmål jeg besvarer, gjennom troen, Ordets virkekraft og forståelsen av det. Etter undervisningen om ånd, sjel og legeme, går jeg videre og gir mer nyttig og interessant stoff om de åndelige virkeligheter. Det vil gi deg mer bredde og dybde i emnet.

Mye av denne boken er bygd på undervisningsutkast jeg lagde på 70-tallet og begynnelsen av 80-tallet. Det som er fra 70 tallet, tenkte jeg ikke på som noe undervisningsmateriale. Dette ble skrevet med penn på baksiden av brevark som jeg samlet i Bibelen helt fra Ten-senter tiden i Totengata. Det var et yndet åndelig sted, ikke bare for beboerne, men like mye for besøkende. Totengata hadde fra gammelt av kallenavnet «knivstikkergata», det sier litt om Øst-kantens

De guddommelige virkeligheter

8

østkant i Oslo. Dette var på Galgeberg. Jeg har samlet på alle små papirer og notater helt fra jeg ble frelst. Jeg har mye nytte av dette, for meg historiske materialet, i dag.

Personlige erfaringer fra åndelige, sjelelige og fysiske virkeligheter verden rundt i over 40 år

Jeg ble frelst i pinsemenigheten Salem, men fant fort ut hvor ilden og Ånden brant på 70-tallet, så da gikk som nevnt veien til Tensenteret. Resten av det jeg skriver, kommer ut fra mine erfaringer fra tjenesten verden rundt, og fram til i dag. Dette er like aktuelt som det alltid har vært, det å ha førstehånds kjennskap og erfaring med virkeligheten – både i den åndelige, den sjelelige og den fysiske verden. Slik at vi kan la oss lede av Gud i alt vi gjør i livet, og ikke være manipulert av Satans åndelige tanker i den fysiske verden. Når vi har fått oversikt over og tro på forskjellene på ånd, sjel og legeme, vil alt falle på plass. Det blir lettere å «sortere» vårt tredelte menneske, og leve i seier.

De guddommelige virkeligheter

Tiden inne for trening

Da er tiden inne for å trene og trene på disse virkelighetene, til de sitter fast i deg. **Dine personlige erfaringer vil legge grunnlaget for din åndelige styrke.** Da vil du begynne å **reagere på Guds Ord** slik det er ment, du vil begynne å reagere ubevisst. Og da vil du oppleve ledelse av Gud på alle områder i livet. Tryggheten på Guds Ord vil lede deg gjennom jungelen av usannheter, som djevelen vil plassere foran deg. Men du vil leve i seier, fordi **du kjenner din Gud og Hans måte å gjøre sakene på.**

Forfatter, lærer og forkynner,

Tom Arild Fjeld

De guddommelige virkeligheter

Forord
Dr. Morris Cerullo:

Det er med stor ydmykhet og jeg anser det som en stor ære, å skrive dette forordet. Pastor Tom er en mann etter Guds hjerte, en mann med et stort kall, en mann full av Guds Ord og kraft, en stor forbeder og en trofast soldat for Kristus.

Hans bøker ble født ut av en guddommelig inspirert ånd, dypt forankret i de hellige skrifter, Bibelen, Guds Ord. En del av djevelens strategi, er at han vil få oss til å leve et blodfattig liv i nederlag, ved daglig å forsømme studie av Guds Ord. Det er derfor Gud har lagt i pastor Tom disse store ord, for å hjelpe Hans barn til mer kunnskap om Ham og Hans rike. Kraften kommer fra hva du vet - og hvordan du kan bruke det du vet, for å lede deg inn i åpenbaring, veiledning og inspirasjon av Den Hellige Ånd. Følg pastor Tom idet han tar deg med på åndelige treningsøkter, på det åndelige treningsstudioet.
Du vil bli oppmuntret til å tro Gud for det umulige.

Disse bøkene er et "must" for enhver troende som har et uoverstigelig ønske om å flytte og bo på neste nivå. Du kommer til å få deg en oppvekker, til å dykke dypere inn i det som er av Gud.

Kjære bror Tom, jeg vet at alle som vil lese denne boken, vil oppleve at deres liv bli

De guddommelige virkeligheter

forvandlet, fordi det er den store sannheten enhver sann kristen bør vite som kommer frem. Kjære bror Tom, jeg ber for deg at innsikt og visdom vil fortsette å vokse i Jesu navn.

Forbli for alltid velsignet i Jesu navn.

Dr. Morris Cerullo

Del I

Ånd, sjel og legemets virkelighet

De guddommelige virkeligheter

De guddommelige virkeligheter

Del 1

Ånd, sjel og legemes virkelighet

De guddommelige virkeligheter

De guddommelige virkeligheter

Skapt i det åndelige og formet eller dannet av jordens muld er det fysiske legemet.

Vårt legeme har Gud formet og dannet av samme grunnstoff som det er på den planeten vi lever, jord. **Jorda** på bakken, heter fra det hebraiske språket: **Adama.** Det virker derfor ganske naturlig at Gud ga det første mennesket Han skapte og dannet - nettopp navnet **Adam.** Her har jeg allerede nevnt to elementer som er i oss som mennesker, nemlig ånden og legemet.

De søker alltid sitt eget
Det som er av jord vil alltid søke jorden, nemlig legemet. Det som er av ånd, vil alltid søke åndens verden. Sjelen er også et element vi skal komme til.

Hvordan er vi satt sammen? Legemet er "dannet og formet" av jord, adama:

"Og Gud Herren dannet mennesket av jordens muld og blåste livets ånde i hans nese; og mennesket ble til en levende sjel." (1 Mos 2, 7)

De guddommelige virkeligheter

Pneuma er brukt på både ånd og sjel
Ordet «pneuma» (hebraisk) er brukt både på
ånd og sjel, det betyr «innpust».

Sansene, det jordiske, tilhører den fysiske verden

Så du ser, menneskets legeme som er "formet
og dannet" av jordens muld, alt mennesket
innehar, har sitt opphav fra den jordiske
verden. Legemet har sanser i seg for å kunne
kommunisere med den jordiske verden,
sansenes verden. Det er naturlig at mennesket
da har lengsel mot det jorden har å presentere.
Alt trives best med sitt like. Legemet kjenner
tilhørigheten til den fysiske verden, sansenes
verden, den jordiske verden.
Paulus sa:

*"Vandre i Ånden, så skal dere ikke
fullbyrde kjøttets begjæringer." (Gal 5,
16)*

De guddommelige virkeligheter

**Gud taler om 2 verdener:
Den åndelige verden - og den
jordiske, fysiske verden
Blodet og Åndens verden**

Etter at Gud hadde dannet
legemet av jord (rød jord, all
jord var rød), blåste Han livets
ånde i menneskets nese.
Det som ble blåst inn i nesen
gikk inn i nesehulen, videre ned
i svelget, strupen,
luftrørsgreinene (bronkiene) og videre inn i
lungene.

Alveolene
Der i lungene gikk det videre inn i lunge-
alveolene (blærene). De er reseptorer for
oksygen, o2 (pneuma). Alveolene har vi 400
millioner av.

Alveolenes oppgave
er "å føre oksygen videre inn i blodet, gjennom
en tynn hinne (eller film av vann). Det er en
type celler som er slik, nettopp for denne
oppgaven. I "alveole veggen" er også andre
celletyper. Barrieren mellom blod og luft er
veldig liten. Oksygenet går gjennom veggen og
over i lunge-kapillærene, videre inn i blodet.

De guddommelige virkeligheter

Karbondioksidet, avfallsstoffene, går den andre veien - ut av mennesket munn. **95% av oksygenet** diffunderer (spredning av et stoff i et annet stoff) fra lungene til blodet, oksygenet tas opp av hemoglobinet i blodet og transporteres med de røde blodcellene ut i kroppen hvor det forbrennes. De resterende 5 % transporteres løst i blodvæsken. Ser du Guds fantastiske mikro-logistikk i menneskets blod?

Så kom vår ånd og sjel på plass i blodet

"Gud Herren blåste livets ånde inn i menneskets nese." (1 Mos 2, 7)

Her kom ånden og sjelen på plass i sin bolig og transportør – blodet.
Nå kom ånden og sjelen (personligheten) på plass i det "dannede" legeme av jord. Våre bloddeler, røde og hvite blodlegemer, er også "dannet" av jord. Blodet går til hver mikrofiber i vårt legeme. Vår ånd og vår personlighets bolig, er i blodet. Klarer du å se dette?

Vårt åndelige og sjelelige legeme
Min sjel og ånd fyller hele mitt legeme, nettopp fordi det er i blodet. Stikker du deg i fingeren, så kommer det blod ut. Du ser, blodet er i hver mikrobit i vårt fysiske legeme. Fordi blodet er over alt og holder det fysiske legemet levende.

De guddommelige virkeligheter

Det igjen gjør at mitt åndelige og sjelelige legeme, er like store som - og ser ut som mitt fysiske legeme.

Blodårene i netthinnen i øyet
Øyet har 2 netthinner som går rundt øyet. Den ene netthinnen har blodårer. Det er mye spennende å si om øyet, men det jeg her vil nevne er at det er blodårer i netthinnen. Når ånden og sjelen er i blodet, betyr det at ånden og sjelen også går helt ut i øynenes netthinner – for blodet går i **hele** mennesket. Over alt **hvor blodet er i mennesket, er vår ånd og sjel.** Når vi er født på ny, er Guds Ånd i vår ånd. Mye kan leses/sanses også ved bruk av øyets muskler. Dette jeg nå har sagt har kun med det sjelelige, sanselige kunnskapsnivået å gjøre.

Øyets åndelige og sjelelige virkelighet
Vi er nå på det åndelige nivået, som benytter seg av sansene som inngang til den åndelige verden. Vi tar inn åndelige virkeligheter via inngangsportene som er hva vi "føler", "lukter", "smaker", "hører" eller hva vi "ser". Mennesker kan oppleve vår åndelige styrke gjennom sine sanser som inngangsportalen.

Din sjel og ånd kan sees i øynene
Vår sjelelige personlighet og vår åndelige styrke kan sees i øynene, nettopp på grunn av at blodet også er i øynene. Kan du se "mekanismen"?

De guddommelige virkeligheter

Det åndelige legemet, ånden og sjelen er skapt

> *"Og Gud sa: La oss gjøre mennesker i vårt bilde, i Guds bilde skapte Han det; til mann og kvinne skapte Han dem," (1 Mos 1, 26)*

Vi kan si at vårt legeme er vårt ytre menneske, og vår ånd og sjel er vårt indre menneske.

Fysiske og åndelige lover

Vårt indre menneske er "skapt" i Guds bilde! (Joh 4, 24)

Det ytre legeme er dannet av jordens muld. (1 Mos 2, 7)

Her ser vi helt klart 2 typer verdener, som lever under 2 forskjellige lover: De fysiske, tredimensjonale lover, og de åndelige firedimensjonale lover.

Den fysiske verden

Den fysiske verden har sine lover å følge, og er låst innenfor deres rammer. Mennesket er fanget innenfor disse rammene av sitt legemes fysiske sanser. Hva øyne kan se, ører kan høre, hva munnen kan tale, hva huden kan føle og hva nesen kan lukte.

Utover det har vi **tyngdekraften,** som holder oss på den fysiske planeten.

Vi har lengde, høyde og bredde. Med disse målenheter, måler vi dybde.

Hele vår verden begrenses til hvor langt våre sanser registrerer, selv om planeten Jorden er større. Den fysiske verden er tredimensjonal. Vår fysiske verden, hvor vi er skapt til/dannet til å være, er i en mikrostørrelse i forhold til det Kosmos vi er en del av.

Den åndelige verden

Den **åndelige** verden, er for det fysiske mennesket med sine sanser, **usynlig.** Den åndelige verden er under egne lover - d**en er under åndelige lover.** Gud har gitt oss mennesker muligheten til å komme inn i denne åndelige verden. Det har vi muligheten til gjennom det skapte livet i oss, som er vårt "jeg". Vårt "jeg" er det åndelige og sjelelige livet vårt, som lever i vårt blod.

"Livets transportør"

Vårt blod tilhører den fysiske verden, og er av det som er "dannet og formet". Men Gud bruker blodsubstansen, slik at vår sjel og ånd, vårt "jeg", skal få full tilgang til hver fiber i vårt "formede og dannede" legeme. Blodet er "livets transportør".

De guddommelige virkeligheter

De guddommelige virkeligheter

3

Hva må vi gjøre for å få tilgang til den åndelige verden?

Høre forkynnelsen!

«Og Jesus sa til dem: Gå ut i all verden og forkynn evangeliet for all skapningen».
(Mark 16, 15)

1 Omvend deg - og tro evangeliet!

"Hvordan kan de påkalle den som de ikke tror på? Og hvordan kan de tro der de ikke har hørt? Og hvordan kan de høre uten at det er noen som forkynner?" (Rom 10, 14)

Den dagen et hvilket som helst menneske på denne jorden får evangeliet forkynt for seg, gir det gjenklang i menneskets ånd og sjel. Det vil det gjøre enten du er hindu, muslim, buddhist, religiøs kristen, ateist osv. Dette har jeg opplevd virkeligheten av over hele verden, siden jeg var en ung mann.

De guddommelige virkeligheter

Vi er alle skapt med evigheten i våre hjerter, åndens verden, kosmos
Vi er alle skapt med evigheten i våre hjerter. Med åndens virkelighet - med en tro i våre hjerter, med «kosmos» i oss. «Kosmos» er den hebraiske oversettelsen av ordet «evigheten» i den norske Bibelen, og er oversatt «verden» i den engelske Bibelen. (Fork 3, 11)

Den «medskapte» troen i ditt åndelige menneske
En tro på Kristi oppstandelse fra de døde. Det er ikke en tro du forsøker å arbeide frem eller eventuelt kan fjerne. Dette er en «medskapt» tro i ditt åndelige menneske. Denne kommer du aldri unna.

Troens gave i det ikke-gjenfødte menneskets ånd

> *"For av nåde er dere frelst, ved tro, det er ikke av dere selv, det er en Guds gave." (Ef 2, 8)*

Nøkkelen til gjenfødelsen og inngangen til den åndelige verden
Bekjennelse og tro
Her kommer det som må gjøres, hvis du ønsker et liv med Kristus. Det finnes ingen

annen vei enn dette. "Lar du **Kristus** bli den virkelige Herren i ditt liv, og du **vil tro** det (hvilket du kan), og at du **tror** Gud Jehova oppvakte Jesus fra de døde (hvilket du kan) - da skal du bli **frelst,** reddet." (Rom 10, 9)

Da vil du oppleve gjenfødelsens mirakel

*"Derfor, dersom noen er i Kristus, har Jesus som **Herre,** da er han en ny skapning. Det gamle er borte, se alt har blitt nytt." (2 Kor 5, 17)*

Evighetens evighet
En helt ny verden åpner seg da for deg. Kosmos åpner seg for deg, en åndelig og en fysisk verden (alle galakser/universer er fysiske). Det du ikke ser med fysiske øyne, er åndens verden. Guds målestokk (fra hebraisk) på dette er "evighetens evighet. " (Fork 3, 11)

*"For dersom du med din **munn bekjenner** Jesus som Herre, og i ditt **hjerte tror** at Gud oppvakte Ham fra de døde, **da** skal du bli frelst (zozo, gresk: gjenopprettet til ånd, sjel og kropp)." (Rom 10,9)*

De guddommelige virkeligheter

2 Dåpen

Dåpen i vann med full neddykkelse (baptisimo fra gresk, som betyr at man blir senket helt under i vann), er en nødvendighet for deg, som har mottatt Kristus Jesus som Herre. Det er ingen "ny fødsel i dåpen i vann". Født på ny ble du ved din bekjennelse, tro og overgivelse til Kristus Jesus som din Herre. (Rom 10, 9)

En fysisk bekjennelse som registreres av sansene

Her snakker vi om **en fysisk bekjennelse** av en avgjort lydighetens og troens handling. **I dåpen** bygger du en enda sterkere bevissthet i deg selv, i hva du har gjort, bestemt deg for og hva som har skjedd i "den nye fødsel". Videre er det en bekjennelse av ditt valg til de mennesker som ser handlingen skje, og de som får høre om det.

"Det som også nå frelser oss i sitt motbilde, dåpen, som ikke er avleggelse av kjøttets urenhet, men **en god samvittighets pakt med Gud,** *ved Jesu Kristi oppstandelse."*
(1 Peter 3, 21)

En bekjennelse til den åndelige verden

Sist men ikke minst, er det **en bekjennelse ut i hele den åndelige verden,** til Satan og demonene. Du proklamerer at du har gått over fra døden til livet! Du vil ikke lenger være syndens og dødens slave - men du har blitt født på ny og er renhetens og livets tjener, du er Jesu Kristi tjener.

Du er herre over Satan og demonene

Du vil ikke lenger adlyde syndens makt. Du er en overvinner over mørkets makter, i Jesus navn. Det Paulus skriver i brevet til Romerne forklarer dette så flott. Dette åpner en frelsens forståelse på en fantastisk måte:

> *"Eller vet dere ikke at alle vi som ble døpt til Kristus Jesus, ble døpt til Hans død? Vi ble altså begravet med Ham ved dåpen til døden, for at likesom Kristus ble oppreist fra de døde ved Faderens herlighet, så skal også vi vandre i et nytt liv. For er vi blitt forenet med Ham ved likheten med Hans død, så skal vi også bli det ved likheten med Hans oppstandelse. Da vi jo vet dette, at vårt gamle menneske ble korsfestet med Kristus for at syndelegemet skulle bli til intet, så vi ikke mer skal tjene synden.*

De guddommelige virkeligheter

*For den som er død, er rettferdiggjort
fra synden. Men er vi død med
Kristus, da tror vi at vi også skal leve
med Ham. Fordi vi vet at etter
Kristus er oppstanden fra de døde,
dør Han ikke mer; døden har ikke
mer noen makt over Ham. For Sin
død, den døde Han en gang for
synden - men Sitt liv, det lever Han
for Gud. Slik skal også dere akte dere
som døde fra synden - men levende
for Gud i Kristus Jesus. La derfor
ikke synden herske i deres dødelige
legemer, så dere lyder dets lyster."
(Rom 6, 3-12)*

*"Den som tror og blir døpt, skal bli
frelst; men den som ikke tror, skal bli
fordømt." (Mark 16, 16)*

3 Født på ny
I dåpen ligger en fantastisk forståelse av det
å bli født på ny **åndelig.** Klarheten om hva
som må til, kommer så flott frem:
En teolog ved navn Nikodemus spurte
Jesus:

«Kan et menneske fødes når han er gammel?» Han stilte et spørsmål ut fra sin sansekunnskap, en jordisk, fysisk kunnskap. Han hadde hverken forståelse eller innsikt i den åndelige virkelighet. Jesus svarte ham på spørsmålet og sa: «Uten at noen blir født på ny, kan han ikke se Guds rike». (Joh 3, 3)

En ny skapning – født en gang til
Ja, vi blir født en gang til. Vår urene ånd, som ble uren på grunn av Adam og Evas ulydighet mot Gud i Edens hage, er årsaken til vår urene ånd og syndige natur. Når vi da **lar Jesus bli Herre i vårt liv - og vi tror at Gud oppvakte Ham fra de døde - da skjer dette underet i frelsen.** Frelse betyr også redning. Det er det som skjer, vi blir reddet for tid og evighet.

Den urene ånden forlater oss, en ny ren ånd blir skapt og født inn i oss
Den urene ånden forlater oss og en ny ren ånd som blir skapt (født), legges inn i oss. Dette blir en overskygging av den Hellige Ånd, slik som Jesus ble ”unnfanget i jomfru Marias liv.” (Luk 1, *35*)
Hør på dette fantastiske:

De guddommelige virkeligheter

*"Dersom noen er i Kristus, har Ham som Herre, da **er** han en ny skapning; det gamle er borte, se alt er blitt nytt."* (2 Kor 5, 17)

Du får en helt ny start - med blanke ark, uten syndens påheng.

4 Bli døpt i den Hellige Ånd
Nå lever Kristus Jesus i deg ved Sin Ånd. For at du nå skal være Hans vitne (martyr, gresk) med kraft, trenger du den Hellige Ånds kraft i deg, i din ånd. Du kan ikke gjøre helbredelser, tegn og under, eller kaste ut demoner i din menneskelige kraft. Nå som du er født på ny, er Guds kraft fullt tilgjengelig for deg. Jesu sa til Sine disipler, som du også er en av nå. Du er en Jesu lærling. Så hør nå og ta det imot i Jesu navn. Jesus bød disiplene «at de ikke måtte forlate Jerusalem, men **vente** på det som Faderen hadde lovet, som dere, sa Han, har hørt om av Meg:

Dere skal få kraft idet den Hellige Ånd kommer over dere, og dere skal være Mine vitner (martyrer) både i Jerusalem, i hele Judea og Samaria, og like til jordens ende. Og med ett kom det en lyd fra himmelen som av

De guddommelige virkeligheter

et fremfarende veldig vær og fylte hele huset der de satt. Og det viste seg tunger like som av ild, som satte seg på enhver av dem. Da ble de alle fylt med den Hellige Ånd, og de begynte å tale med andre tunger, alt etter som Ånden ga dem å tale" (Apg 1, 4. 5. 8   2, 2-4)

Her er hva du har i dåpen i den Hellige Ånd:

Åndens kraft
Til bruk som vitne, bevisprodusent (martyr, fra gresk)

Tungetalen
"Til egen oppbyggelse." (1 Kor 14, 4) og til å **"be ved den Hellige Ånd i min ånd."**
(1 Kor 14, 14)

5 Du er klar for å gå ut i all verden,
Kosmos (evigheten)
Kristus er klar i deg, er du klar?

"Og disse tegn skal følge dem som tror: I Mitt navn skal de drive ut onde ånder, de skal tale med tunger. De skal ta slanger i hendene, og om de drikker noe giftig, skal det ikke skade

De guddommelige virkeligheter

*dem. På syke skal de legge sine
hender, og de skal bli helbredet."
(Mark 16, 17-18)*

Du skal ikke vente på andre, du skal gå. Du
skal være ledet og styrt av Jesus Kristus. Du
skal ikke være under kontroll av mennesker.
Hva du kan eller ikke kan, betyr ingenting.
Han gjør alle ting gjennom deg, til den
verden som er rundt deg - dit du drar.

*"Men Han selv, fredens Gud, hellige
dere helt igjennom, og gi at deres ånd
og sjel og legeme må bevares
fullkomne, ulastelige, ved vår Herre
Jesu Kristi komme! (1 Tess 5, 23)*

35

Åndens virkelighet
Vår ånd og sjel
Vår Ånd

Jeg gir dere et vers på at ånd og sjel er delt, men samtidig i sammen:

*«For Guds Ord er levende og kraftig og skarpere enn noe tveegget sverd og trenger igjennom, inntil det **kløver sjel og ånd**, ledemot og marg, og dømmer hjertets tanker og råd». (Heb 4, 12)*

«Menneskets ånd, er en Herrens lampe».
(Ord 20, 27)

«For vi vet at om vårt jordiske hus nedbrytes, så har vi en bygning av Gud, et hus som ikke er gjort med hender, evig i himmelen. For også mens vi er her, sukker vi, fordi vi lengter etter å overkledes med vår bolig fra himmelen. For vi som er i denne hytte, sukker, fordi vi ikke vil avkledes, men overkledes, for at det dødelige kan bli oppslukt av livet». (2 Kor 4, 1-4)

Men den som har satt oss i stand til akkurat dette, er Gud, Han som også

De guddommelige virkeligheter

har gitt oss «ånden til pant». (2 Kor 5, 1-5)

«I Ham har også dere, da dere kom til troen, fått til innsegl den Hellige Ånd, som var lovet oss. Pantet på vår arv». (Ef 1, 13-14) *Som vi ser (1 Mos 1, 27 og Joh 4, 24) så er vi skapninger - ånd og sjel som er adskilt, samtidig som de har samhørighet og lever i blodet.*

Alt er tilrettelagt.

Hva er egentlig vårt legeme?

"Og Gud Herren dannet mennesket av jordens muld." (1Mos 1, 27)

Menneskets legeme er dannet og formet av jordisk materiale (adama) og har derfor jordiske bånd.

"Derfor er vi alltid frimodige og vet at så lenge vi er hjemme i legemet, er vi borte fra Herren ... Vi er altså frimodige, og vil heller være borte fra legemet og være hjemme hos Herren." (2 Kor 5, 1-5.8)

Reduserte sanser, redusert kontakt med jorden vi lever på

Det er gjennom vårt legemes sanser at vi har kontakt med den jorden vi lever på. Blir våre sanser redusert, får vi begrenset kontakt med jorden og den verden vi har rundt oss. Legemet er huset vi bor i. Gjennom husets "dører og vinduer" har vi kontakt med jorden og verden.

> *"For likesom legemet er dødt uten ånd..." (Jak 2, 26)*

Vår ånd

Når Bibelen taler om **hjertet,** så menes det **ånden** - det sentrale i menneskets totale værelse.
"Ånden er skapt i Guds bilde." *(Joh 4, 24)*
Den nye fødsel skjer her:

> *"Derfor, dersom noen er i Kristus, da er han en ny skapning. Det gamle er borte, se alt er blitt nytt." (2 Kor 5, 17)*

Ny skapning – ny fødsel

> *"Men alle dem som tok imot Ham (Jesus), dem ga Han rett til å bli Guds barn, de som tror på Hans navn. Og de er **født**, ikke av blod, heller ikke av kjøttets vilje, men **av Gud.**" (Joh 1, 12-13)*

De guddommelige virkeligheter

"Gud er Ånd." (Joh 4, 24)

Altså en åndelig fødsel

"Uten at noen blir født på ny, kan han ikke se Guds rike." *(Joh 3, 36)*

"Herren sa: Jeg vil gi dem et hjerte, og en ny ånd vil Jeg gi i deres indre." *(Esek 11, 19)*

Altså, en ny ren, syndfri menneskeånd (hjerte) og en ny Ånd (Guds Ånd) inne i dere, inne i den nye rene syndfrie menneskeånden. Dette er altså frelsen, vår redning. **Redningen er den nye fødsel i vår ånd. Gjenfødelsen skjer - og kan kun skje - i ånden.**

Vår sjel

*"Avlegg derfor all urenhet og all levning av ondskap, og ta med saktmodighet imot det **Ord** som er innplantet i dere, og som er mektig til å frelse deres sjeler."* *(Jak 1, 27)*

Frelsen, redningen, fornyelsen av din sjel (ditt sinn og dine følelser)
Her er det snakk om frelse, redning av sjelen. La oss si du har fått en antikvarisk stol som du vil redde fra å gå til grunne. Da må du redde

De guddommelige virkeligheter

den ved at du fornyer den. På samme måte med
frelsen, redningen av vår sjel.

> *"Skikk dere ikke lik med denne verden,*
> *men bli forvandlet ved fornyelsen av*
> *deres sinn, så dere kan prøve hva som er*
> *Guds vilje, de gode, velbehagelige og*
> *fullkomne.*
> *"For å hellige den, Kristi legeme,*
> *ecclesia (de utvalgte, de som samles på*
> *torgene), koinonia (fellesskapet). "*

De fullkomne, de gjenfødte, fellesskapet, menigheten

> *"... idet Han renser den ved **vannbadet i Ordet**." (Ef 5, 26)*

> *"Og skikk dere ikke lik med denne*
> *veden, men bli forvandlet ved **fornyelsen***
> ***av deres sinn**, så dere kan **prøve**, hva*
> *som er Guds vilje: Det gode og*
> *velbehagelige og fullkomne!*
> *(Rom 12, 2)*

> *"Han **fornyer min sjel**, Han fører meg*
> *på rettferdighets stier for Sitt navns*
> *skyld." (Salme 23, 3 King James)*

Sjelen frelses, reddes, fornyes ved Guds Ord
Adam og Eva var skapt, formet, dannet og
bygget, som Guds fullkomne

De guddommelige virkeligheter

menneskeskapninger - med legemer. De er forbilder, før syndefallet, på hvordan vi er skapt til å leve.

> *"Gud skapte mennesket i Sitt bilde, i Guds bilde skapte Han det, til mann og kvinne skapte Han dem." (1 Mos 1, 27)*

> *"Gud er Ånd." (Joh 4, 24)*

Som Adam og Eva var ånd, som hadde en sjel/personlighet og var ikledd et legeme – er vi det også.

> *"Herren dannet mennesket av jordens muld og blåste livets ånde i hans nese, og mennesket ble til en levende sjel." (1 Mos 2, 7)*

Eva ble bygd, ikke formet og dannet som Adam

Evas legeme kom frem på en litt annen måte. Hun ble bygget av et ribbein, fylt igjen med kjøtt. Dette ble tatt fra Adam.

> *"Da lot Gud Herren en dyp søvn falle på mennesket, og mens han sov, tok Han et ribbein og fylte igjen med kjøtt. Og Gud Herren bygget av det ribbein Han hadde tatt av mennesket, en kvinne og ledet henne til mennesket. Da sa mennesket: Dette er endelig bein av*

mine bein og kjøtt av mitt kjøtt; hun skal kalles manninne, for av mannen er hun tatt. Derfor skal mannen forlate sin far og sin mor og bli hos sin hustru, og de skal være et kjøtt." (1 Mos 2, 21-24)

Her ser vi mennesket, kvinne og mann, i sin fullkomne tilblivelse, gjort av Gud
Mennesket ble til en levende sjel – en levende, fullkommen, avbalansert personlighet, i harmoni under autoritet av Guds Ånd. Deres legemer var dannet av jordens muld (adama, rød jord). De hadde **Guds Ånd som dominerte deres sjelsliv, dette virket også til fullkommen helse for deres legemer.**

Arvesynden
Slik var herligheten for Adam og Eva, inntil de valgte frivillig med sitt viljeliv, som er i sjelen, å adlyde Satans ord. De var bevisst ulydige imot Gud. Dette brakte synden og ufullkommenheten inn i verden. Dette er arvesynden som henger med ethvert menneske født på jorden.

Guds fullkomne vilje for mennesket var og er: Mennesket i sunnhet, velvære og harmoni med Gud, til ånd, sjel og legeme.

De guddommelige virkeligheter

Ordets virkelighet, De ikke-kristne, de kjødelige kristne og de åndelige kristne
Det ikke-kristne, verdslige menneskets funksjon
Vi leser igjen:

"Menneskets legeme er dannet av jordens muld." (1 Mos 2,7)

Dominert, kontrollert og manipulert av livets omstendigheter

Her ser vi helt klart at menneskets legeme har en naturlig dragning mot jorden. Menneskets **legeme** og jorden er av det samme stoffet, nemlig **jord.**
Sjelslivets inntrykk av omstendighetene, kommer igjennom våre sanser, våre sanseportaler, som er i vårt legeme. Dette er den eneste måten for menneskets sjelsliv, hvor forstanden og følelsene sitter, og motta inntrykk utenfra. Alle inntrykk utenfra fester seg i vårt sinn og i våre følelser - og blir der. Et kjødelig ikke-kristent menneske, er helt under dominans av sansenes kunnskap. Sansenes kunnskap kommer fra omstendighetene vi til enhver tid har rundt oss.

Det naturlige, ikke-gjenfødte menneske, kan ikke tro noe utenfor sansenes verden

Det verdslige menneske, det naturlige ikke-gjenfødte menneske, tror, **aksepterer** (aksepterer er mer riktig ord) kun det de **ser,** føler, hører, smaker eller lukter. De opplever de ikke kan tro (hvilket de kan hvis de vil), nemlig tro evangeliet. De kan ikke tro/akseptere noe som ligger **utenfor sansenes verden,** jorden.

Begrenset til dyktigheten av sine sanser

Et verdslig, naturlig ikke-gjenfødt menneske, er begrenset til dyktigheten av sine sanser. De er begrenset til hva deres sanser er i stand til å ta imot av inntrykk fra sansenes verden, jorden. De har ingen mulighet, ingen forutsetning til å forstå åndelige ting. Mennesket lever i **sansenes fengsel.** Deres verden på jorden er ikke større enn hva deres sanser kan registrere.

Bibelen sier:

"For kjøttet begjærer imot Ånden, og Ånden imot kjøttet; de står hverandre imot, så dere ikke skal gjøre det dere vil." (Gal 5, 17)

De guddommelige virkeligheter

Kjøttets sanser og Ånden står hverandre imot!

Kjødelige kristne – kristne som vandrer underlagt sansene
En kan være født på ny, ha Guds Ånd i sin ånd, men samtidig være underlagt sansene, som har sine kanaler i menneskets legeme. Som da igjen gir inntrykk til vår forstand og følelser, som er største delen av vårt sjelsliv, vår personlighet. I sjelslivet blir tanker og følelser lagret og danner grunnlaget for våre meninger - hva vi tror på, eller aksepterer.

En kjødelig kristen
Du har Guds Ånd i din ånd, men ditt sinn er dominert av hva sansene forteller deg om omstendighetene. Et slikt menneske har ingen mulighet til å leve et seirende kristenliv. For de lar seg til enhver tid dominere av hva sansene forteller dem.
Hva du hører gir tanker.

Hva du ser gir tanker.

Hva du føler gir tanker.

Hva du lukter gir tanker.

Hva du smaker gir tanker.

Ser du? Alle sansene gir tanker som fester seg

og gir grunnlag for din personlighets utvikling.

Kjødelige kristne er fullstendig dirigert av sansene

Den Hellige Ånd har blitt stengt inne i deres ånd av deres kjødelige sjel, styrt av omstendighetene i den fysiske verden. De er ikke fylt av Guds Ord – som er Jesus Kristus, som er Ånd og liv.

> *"Det er Ånden som gjør levende, kjøttet hjelper ingenting; de Ord som Jeg har talt til dere, er ånd og er liv."* (Joh 6, 63)

Åndelige kristne
En Åndelig kristen – er fylt av Guds Ord og lever Ordet ut i praksis
En Åndelig kristen lever sitt liv i forståelse og åpenbaring av det skrevne Guds Ord. Vedkommende **gjør** det Guds Ord sier - **tror** Guds Ord. (Vil dere vite mer om dette, les boken min "En kriger for Kristus").

> *"I begynnelsen var Ordet, Ordet var hos Gud, og Ordet var Gud."*
> *(Joh 1, 12)*

En åndelig kristen er dominert av det skrevne Guds Ord
Det skrevne Guds Ord har første prioritet i alle sammenhenger. Alt i ens liv prøves på det

skrevne Guds Ord. Hele ens reaksjonsmønster
er programmert på det skrevne Guds Ords
levendegjøring/åpenbaring. Å vandre i samsvar
med Ordet, Bibelens Ord, er å være en åndelig
kristen.

Festningsverkene

Festningsverkene er sansekunnskapens verk.
Mye av våre tanker er nødvendige tanker å ha i
den verden vi lever. Det har mye med vår
nødvendige funksjon i samfunnet (på alle plan)
å gjøre. Innimellom alle disse tanker, kommer
helt andre tanker som bygger seg
festningsverker av negativ karakter i vår sjel -
som bygger seg opp på alle sjelens områder, på
vårt intellekt og våre følelser. Det bygges opp
festningsverk uten at vi forstår det. Litt etter litt
kommer en formet karakter i oss fram.

Mye er genetisk betinget

Mye av personligheten er genetisk betinget fra
vår foreldre. Det som da har skjedd, er at
mange av deres festningsverker har blitt
overført til oss genetisk. Satan har klart å
bygge sine sterke festningsverker i oss, uten
vår viten og før vi ble født. Mye av det følger
oss fra slekt til slekt. Skal vi beseire fienden,
må vi kjenne hans strategi og ta ham der. Så
langt i boken, har du lært akkurat dette. Du har
lært å kjenne fiendes strategi. Satans eneste
måte å ta oss på, er **med ord,** Satans ord.

De guddommelige virkeligheter

Hvordan kan vi bekjempe Satans ord? Jo, med Guds Ord, grunnlagt på Kristi seier for oss på Golgata kors

I stedet for å vende oss til sansekunnskapen, kjøttets metoder for utfrielse fra våre problemer - vender vi oss som åndelige kristne, mot Ordet, Bibelen. Og setter all vår lit til det.

Guds Ord mot svakhet, nederlag og sansekunnskap

Den åndelige kristne priser Herren for seier like opp i øynene på nederlag, svakhet og sansekunnskap mot Guds Ord. Den åndelige kristne har sine øyne på det skrevne Guds Ord, Bibelen, og ikke på hva sansene viser. Han står på Ordet, han står på klippen, han har tillit til Kristus Jesus, han har tro til Gud og Hans Ord - uansett.

Ordet får herredømme

Gjør vi som den åndelige kristne, vil Ordet ta herredømme over sansene og sansekunnskapen. **Da vil vi forvandle omstendighetene, i stedet for at omstendighetene forvandler oss!**

> *"Men jeg sier dere: Vandre i Ånden, så skal dere ikke fullbyrde kjøttets begjæringer, sansenes begjæringer."*
> *(Gal 5, 16)*

De guddommelige virkeligheter

Nøkkelen til full seier

"For vi har ikke kamp mot kjøtt og blod, men mot makter, mot myndigheter, mot verdensherrer i dette mørket, mot ondskapens åndehærer i himmelrommet. Ta derfor Guds fulle rustning på, så dere kan gjøre motstand på den onde dag - og stå etter å ha overvunnet alt."
(Ef 6, 12-13)

De guddommelige virkeligheter

Vi lever i 2 verdener:
Den fysiske verden på planeten Jorden
Vi lever på planeten Tellus, som vi kaller Jorden. Her på denne planeten lever vi et liv i en fysisk verden. Den fysiske verden har vi selv lagd, bygd opp av tanker som har blitt satt ut i en type skapende funksjon, gjennom våre lemmer. Dette er den fysiske verden vi lever i på jorden.

Den åndelige verden i det totale Kosmos
Hvor kommer tankene fra som har gjort det mulig å forme og bygge denne fysiske verden vi lever i?

Tanker er åndelige
Tankene som kommer til oss og som vi har mottatt i vårt tankeliv, er tanker fra den åndelige verden. Tanker fra den åndelige verden, kommer til oss fra to steder: Den ene det kommer fra er Satans side, og den andre er Gud Jehovas side.

Spørsmålet er: Hvilke tanker tar du inn, hvilke tanker bygger du en fysisk virkelighet på?
Satans tanker lar mennesket få bygge en «hyggelig» verden, men **uten Gud.**
Han gir mennesket tanker til å bygge sin ugudelige verden. Dette er den enkle måten han

De guddommelige virkeligheter

forfører menneskeheten på: Han lar
**menneskets ego tro de er verdens midtpunkt
og sine egne guder.** Han lar en del av
menneskeheten bygge en behagelig tilværelse
rundt seg, mens den andre delen av
menneskeheten, lar han ha en ubehagelig
tilværelse rundt seg. På den andre siden er dem
som adlyder Guds tanker og bygger sin verden
på de tankene. Denne type mennesker er de
gjenfødte kristne. De **bygger sin verden på
Guds åpenbarte Ord,** gjennom den Hellige
Ånd. Dette er Bibelens Ord.

"Gudetypen"
Denne type mennesker, er en helt annen type
enn de ikke-gjenfødte. Dette er "Gudetypen".
Denne type mennesker, er de eneste som er frie
i den verden vi lever. Samtidig som de lever i
den fysiske verden, lever de et åndelig liv med
Gud Jehova i den åndelige verden. De lever et
bevisst liv i to verdener. Hør på dette:

*"For om vi vandrer i kjøttet, så strider
vi dog ikke på kjødelig vis. For våre
stridsvåpen er ikke kjødelige, men
mektige for Gud til å omstyrte
festningsverker. Idet vi* **omstyrter
tankebygninger** *og enhver høyde som
reiser seg mot kunnskapen om Gud, og*
**tar enhver tanke til fange under
lydigheten** *mot Kristus". (2 Kor 10, 3-5)*

De guddommelige virkeligheter

*"Slik som den jordiske var (Adam), så er
også de jordiske slik som den himmelske
er (Jesus), så skal også de himmelske
være, og likesom vi har båret det
jordiskes bilde, så skal vi også bære det
himmelskes bilde."
(1 Kor 15, 48-49)*

Det totale mennesket, det synlige og det usynlige mennesket

Vårt jeg (vår ånd) er det usynlige mennesket.
Der i den åndelige virkelighet er også vår sjel,
vår personlighet, med sine følelser, sitt intellekt
og viljeliv. Vår usynlige, åndelige tilværelse,
gjør seg synlig gjennom vårt legeme.

Inn og ut

Vår ånd og sjel har et nært arbeidsforhold til
hverandre i det åndelige. Våre sanser er
inngangsporten fra det åndelige til det fysiske,
på samme måte er sansene inngangsporten for
det fysiske til det åndelige. Alt som kommer
inn til tankene gjennom sansene, bearbeides
der. Ingenting kan gå noen av veiene, uten at
det bearbeides på korrekt måte i vårt tankeliv.
Tankelivet er der alt skjer. Ved Guds tanker
eller Satans tanker.

Dette forstår du ikke før du forstår det

Skjønte du det? Jeg tror du gjorde det. Skal
man kunne gå fra det fysiske og ut i det
åndelige i den Hellige Ånd, må man først og

De guddommelige virkeligheter

fremst bli født på ny. Etter det er det en lang arbeidsprosess som må til. En må leve i Bibelens Ord, få et nært forhold til den guddommelige treenigheten som er Ordet. Dette forstår du ikke før du forstår det. **Det er først når du begynner å bevege deg i det åndelige, at du vil begynne å forstå.** Jeg kan forklare deg en del, men du må få dine egne personlige opplevelser hele veien. Etter hvert vil du begynne å forstå. (Jeg skriver mye om de åndelige virkeligheter i andre av mine bøker, så jeg anbefaler deg dem).

Det himmelske

Vår ånd, "vårt jeg", er fylt av Guds Ånd, fordi jeg er en gjenfødt person. Det ideelle for personligheten, er at den er hundre prosent underlagt Guds Ånd, den Hellige Ånd i vår ånd. Da vil den Hellige Ånd få dominans over vårt usynlige menneske, vår ånd og vår sjel. Da vil det himmelske bli å se åpenbart i vårt fysiske, synlige legeme. Vi skal ha det himmelske bildet over oss, Kristus skal synes i oss og merkes gjennom oss.
Slik som den himmelske er, skal også de himmelske være.

Det jordiske

Vårt fysiske legeme, vårt synlige legeme, er for den fysiske verden synlig gjennom synssansen. Gjennom alle de andre av våre sanser, har vi også kontakt med den fysiske

De guddommelige virkeligheter

verden. Vårt legeme utfører oppgaver gitt av tankelivet. **Slik som den jordiske var, er også de jordiske.**

Vår reelle kamp for eksistensen
Den kampen foregår i den åndelige verden.
Ikke her i den fysiske verden på jorden.
Fysiske kriger, er et **fysisk utslag** i det synlige/jordiske gjennom sansene, av den kamp som foregår idet **usynlige,** i åndens verden.
Åndens verden er hele Kosmos. Men det er en spesiell konsentrasjon rundt planeten Tellus, nettopp fordi vi er her.

Åndelig kamp blir synlig gjennom det fysiske legeme
Vi skal se litt på hvordan Jesus kjempet i den åndelige verden, selv om Han levde i et legeme av kjøtt og blod som deg og meg.

Satans ansikt-til-ansikt-angrep - og Jesu seier

> *"Og fristeren kom til Ham og sa: Er Du Guds Sønn, da si til disse steiner at de skal bli til brød. Men Jesus svarte ham og sa: Det er skrevet, mennesket lever ikke av brød alene, men av hvert Ord som går ut av Guds munn." (Matt 4, 3-4)*

De guddommelige virkeligheter

Satan ville ha Jesus til å kjempe på kjødelig vis, kjempe i sansene i den fysiske verden. Jesus var overgitt til Sin Far og visste at kampen var åndelig.

Og derfor måtte utkjempes åndelig for å vinne seier. Jesus lot Seg ikke affektere av Satans manipuleringer i det fysiske. Satan forsøkte først med tvil. Er du Guds Sønn?

Så ville han manipulere Jesus til å misbruke kraften ved å gjøre steiner til brød.

Men Jesus avvæpnet Satan i åndens verden - med Ordet, Guds Ord. (v 4)

"Dere skal kjenne sannheten, og sannheten skal sette dere fri." (Joh 8, 32)

Satan ga seg ikke

> *"Satan tok Jesus med seg til den hellige stad og stilte Ham på tempelets tinde, og sa til Ham: Er Du Guds Sønn, da kast Deg ned! For det er skrevet: Han skal gi Sine engler befaling om Deg, og de skal bære deg Deg på hendene, for at Du ikke skal støte Din fot på noen stein. Jesus sa til ham: Det er også skrevet: Du skal ikke friste Herren din Gud."* *(Matt 4, 5-7)*

Satan ville få Jesus hovmodig
Satan ville ha Jesus til å bli stor i Seg selv. Han
ville ha Jesus til å få lyst på sensasjon. Men
Jesus var åndelig, så Han **avvæpnet** Satan
igjen i åndens verden **med Ordet,** Guds
skrevne Ord.

Ord er åndelige
Vi ser her hvordan Satan også ikke går av
veien for å bruke Bibelens Ord - og som jeg har
sagt tidligere, ord er åndelige! (v 7)

> *"Igjen tok Satan Jesus opp på et høyt
> fjell og viste Ham all verdens riker og
> deres herlighet og sa til Ham: Alt dette
> vil jeg gi Deg hvis Du vil falle ned og
> tilbe meg. Da sa Jesus til ham: Bort fra
> Meg, Satan! For det er* **skrevet**: *Herren
> din Gud skal du tilbe, og Ham alene skal
> du tjene. Da* **forlot** *Satan ham, og se,
> engler kom til Ham og tjente Ham."*
> *(Matt 4, 8-11)*

Satan ville gi Jesus all verdens herlighet i det
fysiske, i kjøttet. Hadde Jesus bøyd av, så
hadde Satan blitt Hans herre. Men Jesus hadde
lært å kjempe i åndens verden. Han brukte
Ordet igjen - og Satan forlot ham. Dette
skjedde helt i begynnelsen av Jesu tjeneste. Så
du ser, Satan vil være på deg fra dag en, hvis

du mener alvor i å la Jesus bli herre i ditt liv. Men seieren er vår i Jesu navn.

Satans angrep gjennom brødre - og Jesu seier

> *"Da tok Peter Jesus til side og begynte å irettesette Ham og sa: Gud fri Deg, Herre! Dette må ikke skje Deg! Men Jesus snudde Seg rundt og sa til Peter: Vik bak meg, Satan! Du er Meg til anstøt; for* **du har ikke sans for det som hører Guds rike til,** *men bare for det som hører menneske til."* (Matt 16, 22-23)

Satan bruker gjerne de som står oss nærmest, hvis han får en mulighet. De hører vi gjerne mer på enn dem vi ikke kjenner så godt. Peter lot seg rive med av følelser, og Satan så sitt snitt til å komme til i Peters tankeliv.
Her ser vi Peter var en kanal for Satan i denne situasjonen. Peter ville ikke at Jesus skulle gå lidelsens vei til Golgata, der Han ville vinne den evige, fullkomne seier for menneskeheten.

Ser du hvor lett ting kan gå galt?
Ser du hvor lett ting kan få skjebnesvangre følger for evigheten, hvis vi ikke er åndelige våkne? Jesus så tvers igjennom Peter og inn i

åndens verden og sa: «Vik bak Meg, Satan, du har bare sans for det som hører mennesker til (kjøttet til)». Ser du hvor åndelig skarp Jesus var? Slik kan du også være i verden.

Satans angrep gjennom ikke-kristne

> *"Pilatus sier da til Jesus: Vil Du ikke tale med meg? Vet Du ikke at jeg har makt til å gi Deg fri, og har makt til å korsfeste Deg? Jesus svarte:* **Du hadde ingen makt over Meg hvis det ikke var gitt deg ovenfra.** *Derfor har han som overga Meg til deg, større synd."*
> *(19, 10-11)*

Satan forsøker seg gjennom Pilatus med sin åndelige styrke, uttrykt her først med **ord.** Jesus så lengre enn til dette sjelelige, kjødelige spillet. Jesus var åndelig, Jesus så hele spillet - og hadde full kontroll. (v 11)

> *"La nå Messias, Israels konge, stige ned fra korset, så vi kan se det og tro det! Også de som var korsfetet sammen med Ham, hånte Ham!"* *(Mark 15, 32)*

Her igjen ser vi Satan bruker mennesker for å friste Jesus til å stige ned av korset. Men Jesus visste hvem Han var, hva Hans oppgave var, så Han forble i lydighet til Gud Fader. For verdens Frelser Han ble på korset. Hadde

De guddommelige virkeligheter

Satan fått Jesus til å stige ned av korset, hadde hele menneskeheten vært evig fortapt. Det eneste området Satan kan vinne seier på, er på det menneskelige planet, i kjøttet.

Den fullkomne, evige, åndelige seier vant Jesus Kristus på Golgata kors

"Men Jesus ropte med høy røst og utåndet. Og forhenget i tempelet revnet i to stykker, fra øverst til nederst." (Mark 15, 37-38)

"Han, Jesus, avvæpnet maktene og myndighetene, og stilte dem åpenlyst til skue, i det Han viste Seg som seiersherre over dem på korset." (Koll 2,15)

"For dertil ble også dere kalt, fordi også Kristus led for dere og etterlot dere et eksempel, for at dere skal følge etter i Hans fotspor." (1 Pet 2, 21)

"Meg er gitt all makt i himmel og på jord." (Matt 28, 18)

Gå derfor ut

"Da svarte Simon Peter og sa: Du er Messias, den levende Guds Sønn. Og Jesus svarte og sa til ham:

De guddommelige virkeligheter

*Salig er du, Simon, Jonas sønn! For kjøtt og blod har ikke **åpenbart deg det,** men Min Far i himmelen." (Matt 16, 16-17)*

Denne troen var ikke mulig for Peter å hente fram fra kjøttet. Denne troen kom til Peter ved Guds åpenbaring, der og da, og det presiserte Jesus for ham. Og Jeg sier deg, at du er Peter; og på denne klippe vil Jeg bygge Min menighet, fellesskap (ecclesia, koinonia), og dødsrikets porter skal ikke få makt over den. Her forteller Jesus at den seieren Han er i ferd med å sluttføre, skal videreføres til oss, i den grad det blir levendegjort i oss gjennom Guds åpenbaring.

"Tro er full visshet om det som håpes, overbevisning om ting som ikke ses." (Heb 11,1)

Gud Fader i himmelen, vil til enhver tid gi oss tro for det vi skal ha tro for, hvordan vårt forhold til Ham skal være til enhver tid. Det er forutsetningen for muligheten til å **leve i åpenbaringen av det guddommelige.**

"Og Jeg vil gi deg nøklene til himlenes rike, og det du binder på jorden, skal være bundet i himmelen, og det du løser på jorden, skal være løst i himmelen." (Matt 16, 19)

De guddommelige virkeligheter

Seieren vil være vår i Kristus når vi lever der vi skal - i Ham. Løsermakten over all Satans makt, er oss gitt i Jesus Kristus. Hør her:

> *"Eller hvordan kan noen gå inn i den sterkes hus og røve hans gods, uten at han først har bundet den sterke? Så kan han plyndre hans hus."* (Matt 12, 29)

1) Vi binder Satan og demonene i Jesu navn

2) Deretter kan vi plyndre Satans hus med Guds levende Ord, ut ifra vårt åndsliv, gjennom troens sans i den åndelige verden og i den fysiske verden.

Hva skal vi binde og løse?

> *"Gi ikke djevelen rom!"* (Ef 4, 27)

Det er i vårt tankeliv vi ikke må gi Satan noe rom. Vi kan aldri være forsiktige nok med hva vi slipper inn der. Hele åndens kamp foregår i vårt tankeliv, fordi **ord er åndelige og kampens arena er sinnet.** Det er her vi styrer, alt som går ut og inn i vår sjel, vår personlighet.

De guddommelige virkeligheter

*"Og grip foruten alt dette, **troens skjold** med hvilket dere kan slukke alle den ondes brennende piler." (Ef 6, 16)*

Troens skjold og Åndens sverd er begge deler **Guds Ord.** Vi løfter troens skjold, som er Guds levende Ord, mot Satan - og stopper ham.

"For Guds Ord er levende og kraftig, og skarpere enn noe tveegget sverd ..." (Heb 4, 12)

Så løfter vi sverdet og tilintetgjør Satan hver gang vi møter ham og demonene.

Det levende Guds Ord, som er våpnene - er Jesus Kristus
Ser du det? I dag er det slik Jesus fungerer gjennom deg og meg. Så alt vi binder i Jesu navn, er bundet. Og alt vi løser i Jesu navn, er løst.

"Alt som ikke er av tro er synd" (Rom 14, 23)

"Dere elskede, dersom vårt hjerte ikke fordømmer oss, da har vi frimodighet for Gud. Og det vi ber om, det får vi av Ham; for vi holder Hans bud og gjør det som er Ham til behag." (1 Joh 3, 21-22)

De guddommelige virkeligheter

Et menneske som er **bundet,** er alltid bundet **i sjelslivet, i tankene.** Det er der fangenskapet sitter. (Sykdommer binder deg i tankelivet, eller går direkte på legemet. Det kan skje på disse to måtene). Det vi binder i den åndelige verden, blir bundet i det naturlige jordiske. Det vi løser i ånden, vil vi også se løst i det naturlige jordiske.

Ord – mer kraftfullt enn fysiske våpen

7

"Kraft hører Herren til." (Salme 62, 11)

Den store beholderen for Guds kraft, er Hans eget Ord, Bibelen. **Guds kraft er innlemmet i Hans Ord,** og er klart for bruk i all sin styrke. Hvis vi ønsker å gjøre Hans kraft tilgjengelig gjennom våre liv, må vi la Hans Ord bli Herre i våre liv. Mennesker har i alle tider bedt om mer kraft, men det er ikke veien å gå. **Kraften er å finne i Guds Ord.** Vi må gå til Bibelen og **adlyde** den for å finne kraften! Jesus sa det:

"Sæden er Guds Ord." (Luk 8, 11)

Mennesker lengter etter kraften til å få smeltet de kalde hjerter og bryte ned den stive vilje, og glemmer at Gud har sagt:

"Er ikke Mitt Ord som en ild, sier Herren, og som en hammer som sønderslår klipper?" (Jer 23, 29)

Ønsker vi å oppnå fylde av **kraft i tjenesten, må vi ernære oss av Guds Ord** og **gjøre** Guds Ord som «treningsøkter». Hvis vi ikke vil ta tid til dette, kan vi ikke få troens erfaringer eller

De guddommelige virkeligheter

kraft. Det blir på samme måte som å få fysiske krefter: Vi må spise nærende mat og trene riktig.

*"Jesus sa: Dersom noen vil **gjøre Hans vilje,** han skal **kjenne om læren er av Gud,** eller om Jeg taler av Meg selv."*
(Joh 7, 17)

Adlyder vi Guds Ord, så gjør vi Guds vilje - og da vil vitnesbyrdet fra den Hellige Ånd komme til oss, som Bibelen sier.

*"Tro er full visshet om det som håpes, overbevisning om ting som ikke ses. For på grunn av den fikk de gamle godt vitnesbyrd. **Ved tro skjønner vi** at verden er kommet i stand ved Guds Ord, så det som sees, ikke ble til av det synlige."* *(Heb11,1)*

Denne troen er det kun Gud som kan gi deg gjennom åpenbaring, via den Hellige Ånd - da du adlyder det skrevne Guds Ord!

"For dette er kjærligheten til Gud ... at vi holder Hans bud; og Hans bud er ikke tunge. For alt det som er født av Gud, seirer over verden; og dette er den seier som har seiret over verden: Vår tro." *(1 Joh 5, 4)*

De guddommelige virkeligheter

Ser du det? Ved at vi adlyder Herrens Ord, så fødes troen fram - ved åpenbaring, i oss.

> *"Den hele skrift er innblest av Gud og nyttig til lærdom, åpenbaringskunnskap, til overbevisning, til rettledning, til opptuktelse i rettferdighet."*
> *(2 Tim 3, 16)*

Følg Guds formel
Ser du hvordan Guds levende Ord - ved studering, overgivelse og ved å adlyde det - igjen vil gi deg (gjennom åpenbaring) en klippefast tro på det. En tro som går gjennom alt - til seier. Det er slik Gud Fader i himmelen vil ha oss til å bli.

Jesu misjonsbefaling og marsjordre til disiplene

> *"Jesus sa til Sine disipler: Gå ut i all verden og forkynn evangeliet for all skapningen."* *(Mark 16, 15)*

Hva er det viktigste budskapet i verden? Er det menneskers tanker, filosofier, politiske meninger…? Dette er ikke de viktige budskapene. Alle menneskelagde budskap er sansekunnskap. Det er gjerninger ut fra menneskets kjøtt. I sansekunnskap finnes ingen **forvandlende** kraft. Selv om det også er kraft i

Satans tanker og ord, det har menneskeheten lang erfaring med.

Men det er **en kraft** som suverent overgår all Satans makt og kraft. Det er den kraften som er i Guds levende, evige Ord, Bibelen. **Det å leve i utførelsen av Ordet, er å tro Ordet.** Da vil vi oppleve Ordets realiteter bli skapt rundt oss!

> *"Han talte og det skjedde, Han bød og det sto der."* *(Salme 33, 9)*

Grip seiersstrategien - og gå
Når du griper tak i seiersstrategien i denne boken, og går ut i virkelig tro og lydighet - setter Ordet ut i praksis - så er du i gang.

Oppturer og nedturer
Det vil bli oppturer og nedturer. Du må lære gjennom trening. Dette blir som annen trening. Du vinner ikke VM første uken, det er årevis med hard trening. Det samme er det på den åndelige veien med Herren. Men du må starte et sted, og stedet er der du er nå.

Hør på dette
Det du får tro for i Guds Ord, er det Gud gir deg tro for. Det er det du skal gjøre. Hva omstendighetene mener, betyr ingenting. Det eneste som betyr noe er hva **du** tror. Det er kun det du **tror,** du kan gjøre. Ikke det du **mener** du kan gjøre. Ikke hva profetiske budskap sier du kan gjøre, ikke hva venner sier du kan gjøre.

De guddommelige virkeligheter

Det er ene og alene hva Guds Ord, Bibelen, gir deg tro for, som du kan gjøre.

Det er kun deg og Jesus

Livet som en kristen, er et liv som kun skal leves med deg og Jesus Kristus - med veiledning av den Hellige Ånd, som også er Gud og er Kristus.

Gud backer aldri opp hva du og jeg mener

Gud backer kun opp Sitt eget Ord, hvis bærer er Jesu Kristi forsoningsverk på Golgata kors.

"Jesus avvæpnet maktene og myndighetene og stilte dem åpenlyst til skue, idet Han viste Seg som seierherre over dem på korset."
(Kol 2, 15)

"Og de, du og jeg, seiret over ham, Satan og demonene, i kraft av lammets blod og det Ord de vitnet. (Åp 12, 11)

Martyr

Ordet martyr betyr fra gresk: En som legger fram håndfaste bevis om at det han taler er sant. Vi taler ord, vi taler Guds eget skrevne Ord, Bibelen, som vil være de **levende Guds Ord i din munn** til dem som hører på deg - når du **tror** det.

De guddommelige virkeligheter

Krigen i den åndelige verden, som får resultater på jorden, er krig med ord

> *"Evangeliets sannhets Ord, er en Guds kraft til frelse for hver den som tror."*
> *(Rom 1, 16)*

Evangeliets sannhets Ord   - de levende, forvandlende gode nyheter
Er   - alltid, konstant
En Guds kraft   - korsets virkelighet
Til frelse   - fullkommen utfrielse for mennesket
For hver den som tror   - handler på budskapet, tar imot budskapet i tro

Kraften er i Ordet

*"For **Ordet om korset** er vel en dårskap for den som går fortapt, men for oss som blir frelst, er det en **Guds kraft**." (1 Kor 1, 18)*

Kosmos (hebraisk, gresk), sterkeste kraft som er Guds Ord, evighetens evighet, åndens verden *(Fork 3, 11 og Mark 16, 15)*, dette er en dårskap for sansekunnskapen, for kjøttet. De lever i blinde av uvitenhet og stolthet.

Men for dem som har ydmyket seg og omvendt seg til Kristus, har øynene blitt åpnet og de tror evangeliet om Kristus Jesus og Hans forsoningsverk på Golgata kors. De vil oppleve det levende Ordets **kraft** manifestert i sine liv, ikke en dårskap.

Kraften var ikke i korset, men i mannen som hang på korset, Han som er Ordet.

"Ordet ble kjøtt og tok bolig iblant oss, og vi så Hans herlighet som den enbårne Sønn har fra Sin Far – full av nåde og sannhet." (Joh 1, 14)

*"For så har Gud elsket verden at Han
ga Sin Sønn den enbårne, for at hver
den som tror på Ham, ikke skal fortapes
- men ha evig liv." (Joh 3, 16)*

Jesus Kristus er det levende Ordet

*"Det er Ånden som gjør levende, kjøttet
hjelper ingenting; De Ord Jeg har talt
til dere, er ånd og liv. Simon Peter
svarte Ham: Herre! Hvem skal vi gå til?
Du har det evige livs Ord." (Joh 6,
63.68)*

Den åndelige krigen er med ord

Det er en åndelig krigføring som foregår i
åndens verden - med ord. Alle ord er åndelige.
Det er en krig mellom Satans døde ord og
Guds levende Ord. Nå vet du hvordan skillet
mellom Guds Ord, dine egne ord og Satans
ords tiltale til deg er. Nå blir det lettere for deg
å finne "seiersveien". Nå blir det enklere for
deg å prøve åndene også. Jo nærmere kjent du
blir med Jesus, jo enklere blir det for deg å
kjenne hvem som ikke er Jesus. Så enkelt er det
å prøve ånder! Dette er en evne som alle har,
men som må oppøves ved tilnærming til Jesus.

*"En annen evne til å prøve ånder."
(1 Kor 12, 10)*

De guddommelige virkeligheter

Ser du, dette kommer med et nærere og personlig kjennskapsforhold til Jesus Kristus, den Hellige Ånd og Gud Fader.

*"Den, visdommen, åpenbaringskunnskapen, som **ingen** av denne verdens herrer **kjente**; for hadde de **kjent** den, da hadde de ikke korsfestet herlighetens Herre."* (2 Kor 2, 8)

Vil du bli kjent med Kristus, så blir du det

"Så jeg kan få kjenne Ham og kraften av Hans oppstandelse og samfunnet med Hans lidelser, idet jeg blir gjort lik med Ham i Hans død." (Filip 3, 10)

Er du **villig** til dette, så kommer Guds tro i deg, Guds overbevisning i deg, Guds visdom i deg, Ordets kjennskap (ikke kunnskap) i deg. Når disse tingene blir etablert i deg, vil de alltid virke gjennom deg, til den verden som er rundt deg. Ditt liv har kommet i posisjon, slik at **Guds levende Ord lever gjennom deg.** Seieren er vår i den åndelige krigføringen. Du blir en Jesus-person på jorden i dag, ute på oppdrag fra himmelen.

Ordets mysterium
Som dere forstår, så **er kraften i Ordet.** **K**raften er i Guds Ord, Bibelen. Ord i seg selv

De guddommelige virkeligheter

har ingen slik verdi eller kraft. Men den **guddommelige seier** som ligger bak, har **brakt fram en guddommelig autoritet og kraft i Ordet.**

Seieren og løftene

Et hvert ord som forklarer den guddommelige hendelsen som skjedde på Golgata kors, hvor Jesus gjorde en soningsdød for all verdens synd - med Sitt eget hellige, rene, guddommelige blod - et hvert av disse ord innehar guddommelig kraft og autoritet. Denne seieren la også grunnlaget for seieren i alle de løftene som vi finner i forbindelse med seieren på Golgata kors - som også har full tilbakevendende kraft til løftene i det Gamle Testamentet. Det renner en evig flod av seier til menneskeheten ut fra seieren på Golgata kors!

Ordene som beskriver denne seier og disse løfter, innehar den guddommelige autoriteten og kraften. Et fantastisk, åpenbart mysterium til oss alle.

De guddommelige virkeligheter

75

9

Autoriteten og kraften i ordene "Kristi blod"
Det er Kristi blod som tar synden bort.

"Men nå har Han, Kristus, blitt åpenbart en gang ved tidens ende for å bortta synden ved Sitt offer." (Heb 9, 26)

"Så har Han, Kristus, deretter sagt: Se, Jeg er kommet for å gjøre Din vilje, Gud Fader. Han tar det første bort for så å innsette det annet. Og ved denne vilje er vi helliget ved ofringen av Jesu Kristi legeme, en gang for alle ... Men Han, Kristus, har frembåret et offer for synder og har deretter for alltid satt Seg ved Guds høyre hånd." (Heb 10, 9-10.12)

"Og de, du og jeg, har seiret over ham, Satan og demonene, i kraft av lammets blod og det Ord de vitnet" (Åp 12, 11)

Vi må kjenne **blodets kraft,** gjør vi det, vil vi kjenne **Guds kraft og autoritet.** Blodet er kilden til kraften og autoriteten i Ordet.

De guddommelige virkeligheter

"Jesus sa til disiplene: Dere skal få kraft i det den Hellige Ånd kommer over dere." (Apg 1, 8)

Den Hellige Ånd, en tredel av guddommen (treenigheten), **er bæreren av kraften og autoriteten** til de gjenfødte i dag. Den står bak et hvert løfte som har fått sin gyldighet med guddommelig kraft og styrke fra Jesu seier på Golgata, der Kristi legeme og blod ble ofret. Denne seier bringer de guddommelige resultatene inn i den fysiske verden.

Dette vil skje når vi forstår Ordets viktighet, når vi forstår det, tror vi det
Du forstår Jesu blods seier og styrke, som frembringer Guds kraft og autoritet. Da **tror** du det og vil **bruke** det med frimodighet.

På alle korstog verden rundt
På enhver møtekampanje jeg har hatt verden rundt, forkynner jeg alltid i første møte en kort, men **grundig undervisning om Jesu seier på Golgata kors.** Hver gang jeg forkynner dette, kjenner jeg fysisk det er noe som kommer bak meg og rundt meg. Jeg venter på at dette kommer mens jeg forkynner. Det er **den Hellige Ånds tilstedeværelse. Den er der klar til å gjøre Sine gjerninger, når seierens Ord fra Golgata kors lyder.** Guds Ord proklameres - og den Hellige Ånd gjør Sine gjerninger i henhold til det troens Ord,

De guddommelige virkeligheter

Bibelens løfter og forsoningsverkets sannhet jeg tror og proklamerer. Da skjer dette:

> *"Han talte og det skjedde, Han bød og det sto der." (Salme 33, 9)*

Dette er triumfens øyeblikk, det er seier i Jesu Kristi blod

> *"Alle har syndet og fattes Guds ære. Og de blir rettferdiggjort uforskyldt av Hans nåde ved forløsningen i Kristus Jesus, som Gud stilte til skue i Hans blod, som en nådestol ved troen, for å vise Sin rettferdighet. Fordi Han i Sin langmodighet hadde båret over med syndene som før var gjort." (Rom 3, 23-25)*

Det slår ned som en bombe

Dette slår ned som en bombe i hedningene, som aldri før har hørt navnet Jesus nevnt. Plutselig kommer en dør fra himmelen og åpner seg foran dem i den jordiske verden. De blir gitt redningen, frelsen - der og da. De griper den av hele sitt hjerte. Det er som et sjokk, det er noe helt uventet for dem.

Det er større enn livet selv – Guds rike kommer til dem

Noen gråter, noen ler, de trenger seg fremover - de vil ha frelsen, de vil ha redningen. De kjenner Kristi kjærlighet henger i luften. Skrikene av demonene som kommer ut av plagede mennesker høres. Syke blir helbredet.

Guds rike har kommet til dem.

> *"Jesus sa: Men er det ved Guds Ånd Jeg driver de onde ånder ut, da er jo Guds rike kommet til dere." (Matt 12, 28)*
> *"Jesus sa: Er det ved Guds finger Jeg driver ut de onde ånder, da er jo Guds rike kommet til dere." (Luk 11, 20)*

Alt skjer på grunn av Jesu frihetsseier på Golgata for menneskeheten. Vi er det overgitt, la oss gi det levende Ordet til dem Jesus ga Sitt liv for. Hadde det ikke vært for Jesu Kristi utgytte soningsblod, kunne ikke Gud Fader ha handlet i nåde med en eneste synder, men måtte straks ha slått ham ned midt i hans synd. Men nå er seieren vunnet og Jesu Kristi blod utgytt til syndsforlatelse for deg og meg. Proklamer omvendelsens og syndsforlatelsens ord - det er **Guds Ord med autoritet og kraft - gjennom deg.**

Ordet om Jesu Kristi blods seier – Åndens sverd
Guds Ord er det redskap hvormed den Hellige Ånd gjør Sin gjerning. Guds Ord er:
"Åndens sverd." (Ef 6, 17)

De guddommelige virkeligheter

Guds Ord er også den sæd som Ånden sår og levendegjør:

"Sæden er Guds Ord." *(Luk 8, 11)*

"Den uforgjengelige sæd, Guds Ord, som lever og er (blir)!" *(1 Peter 1,23)*

Vi må alltid begynne med **kunnskap,** og videre til **kjennskap** til Skriften, Bibelens Ord - hvis vi vil at den Hellige Ånd skal gjøre Sine gjerninger gjennom oss. Vil vi at den Hellige Ånde skal virke gjennom andre, må vi gi dem Guds Ord. Men det er **den Hellige Ånd som må bruke Ordet.** Det er når den Hellige Ånd bruker Sitt eget sverd, vi ser de guddommelige kvaliteter kommer frem. Guds verk utføres ved Ordet og Ånden. Ånden reagerer og handler på troen på Ordet.

*"For det glade budskap er og forkynt oss, liksom for dem, men **Ordet** som de hørte, ble dem til ingen nytte, fordi det ikke **ved troen** var smeltet sammen med **dem som hørte det.** For vi går inn til hvilen, vi som har kommet til troen."* *(Heb 4, 2-3)*

Ordet, troen og dem som hørte det
Tro Ordet om blodet og seierens hvile er din. Tro Ordet om blodet når du hører det, og seierens hvile er din redning, frelse. Guds rikes

dør har åpnet seg for deg. Det er gjennom deg og meg, med troens proklamasjon av Ordet, det fremkalles overbevisning hos hedningene.

> *"Jesus sa: Men Jeg sier dere sannheten: Det er til gagn for dere at Jeg går bort; for går Jeg ikke bort, da kommer ikke talsmannen til dere; men går Jeg bort, da skal Jeg sende Ham til dere. Og når Han kommer, skal Han overbevise verden om synd og om rettferdighet og om dom. (Joh 16, 7-8)*

> *"Men når Han, sannhetens Ånd kommer, skal Han veilede dere til hele sannheten; for* **Han skal ikke tale av Seg selv,** *men* **det som Han hører,** *skal Han tale." (Joh 16, 13)*

Ser du, den Hellige Ånd tar det ikke av Seg selv, men taler det Han hører Gud tale. Så når vi forkynner Guds Ord, proklamert med overbevisning og troens styrke, levendegjør den Hellige Ånd dette.

Det virker hver gang
Det er dette jeg har gjort igjen og igjen verden over - og det virker hver gang. Hvorfor virker det hver gang? Jo, fordi det er sant!

De guddommelige virkeligheter

Hemmeligheten til Guds virke gjennom mennesker

Hemmeligheten til Guds harmoniske virke gjennom et menneskes liv, er den absolutte overgivelse til Jesus Kristus, Gud Fader og den Hellige Ånd. Det er ikke vi som utretter noe, men det er Kristus i oss og gjennom oss, til dem som er rundt oss.

Blodet som gir navnet Jesus autoritet

Guds blod ble lagt inn i Jesu Kristi legemes blodåresystem. Det var det hellige blodet som aldri i Guds evighets verden hadde vært i kontakt med synd eller urenhet. Det er et blod fullkommen ubeslektet med den første Adams blod. Mange tror at jomfru Maria sørget for eggcellen, og at den Hellige Ånd sørget for sperma y-cellen (sædcellen). Hvis dette hadde vært en mulighet, hadde det barnet som ble født vært et barn født med en uren blodtype på grunn av syndefallet! Jomfru Maria var født med syndig natur. Men nå skjedde ikke Jesu tilblivelse på denne måten. La oss høre hva Bibelen sier om saken:

> *"... et legeme laget Du for Meg."*
> *(Heb 10, 5)*

Nå snakker vi om den andre Adams tilblivelse. Født fra himmelen. Med Guds Hellige rene blod i Sine åre og vener. Gud Jehova hadde løsningen på syndens problem. Løsningen var

De guddommelige virkeligheter

at Gud måtte gi Seg selv, gjennom Sin Sønn, Jesus Kristus. Dette gjorde Gud Jehova for menneskehetens synder. For å bringe menneskeheten tilbake igjen til Seg.

> *«For så har Gud elsket verden, at Han ga Sin Sønn, den enbårne, for at hver den som tror på Ham, ikke skal fortapes, men ha evig liv». (Joh 3, 16)*

Gud kom i Sin Sønn til menneskehetens frelse

> *«Han kom til Sitt eget, og Hans egne tok ikke imot Ham». (Joh 3,11)*

> *«Men alle dem som tok imot Ham, ga Han rett til å bli Guds barn, de som tror på Hans navn». (Joh 1, 12)*

Et legeme laget du for meg

> *"Et legeme laget du for meg."*
> *(Heb 10, 5)*

Et legeme laget/skapt i det himmelske, i samme byggemateriale som vi er dannet i på planeten Jorden. Dette legemet ble laget av den samme jordens substans som den første Adam («jord» hebraisk: «adama»). Dette legemet ble gjort perfekt og ble innblåst med sjel og ånd, der i

De guddommelige virkeligheter

det himmelske. For så å bli transportert til jorden. Der ble jomfru Maria «overskygget med den Hellige Ånd».

De guddommelige virkeligheter

10

Jesus Guds Sønn, den andre Adam

Det perfekte legemet, den «andre Adam», ble lagt i hennes livmor. Der utviklet barnet Seg, som fikk navnet Jesus. Barnet lå forseglet bak jomfruhinnen fram til fødselsdagen. Da ble jomfruhinnen brutt fra innersiden. Dette var den første og siste gangen i menneskehetens historie dette skjedde.

Fullt Gud og fullt menneske

Gud selv kom ned til jorden, i Sin Sønns skikkelse. Guds egen Ånd var i Kristus, det var den Hellige Ånd. Det var ikke rart Jesus sa:

> *"Jeg er livet." (Joh 14, 6)*

> *"Han kom for at vi skulle få liv - og liv i overflod." (Joh 10,10)*

Jesu mor Maria, forsto at noe guddommelig hadde skjedd:

> *"Da sa Maria: Min sjel opphøyer Herren, og min ånd fryder seg i Gud." (Luk 1, 46-47)*

De guddommelige virkeligheter

Jesus, den «andre Adam», kom til jorden med Guds eget blod i Sine årer - og Han kom for en helt spesiell hensikt
"Slik er det også skrevet:

> *Det første mennesket Adam, ble til en levende sjel, den andre og siste Adam, er blitt til en levendegjørende Ånd."*
> *(1 Kor 15, 45)*

> *"Dertil er Guds Sønn åpenbart, at Han skal gjøre ende på djevelens gjerninger."* *(1 Joh 3, 8)*

Jesus Kristus Guds levende Sønn, måtte bære guddommen i Seg i hele Sin jordiske vandring. Det var Gud selv som var på jorden i Sin Sønns skikkelse. Fra fødsel til forsoningsverket på Golgata kors. Jesus måtte være ubesmittet av synd. Dette var prøven Jesus måtte bestå. Da Han hang der naglet til korset, hadde Han ikke gjort en eneste ulydighet mot Sin Far i himmelen. Jesus var klar for den siste store prøven: Nemlig å la all verdens synd bli lagt på Seg - og da med Guds hellige blod i Sine årer, betale prisen for verdens synd, ja for menneskets ulydighet mot Gud.

Jesus hadde Sitt eget viljeliv
Jesus hadde Sitt eget viljeliv, selv om Gud Jehova var i Ham. Jesus måtte frivillig ta den

De guddommelige virkeligheter

siste store avgjørelsen, noe Han gjorde. Og Han gjorde det riktig.

Dette igjen åpnet døren for menneskeheten, å få tilbake sitt fellesskap med Gud.

Jesus hadde en helt egen blodtype. Den første Adams ætt hadde uren blodtype på grunn av syndefallet i Edens hage. Det var arvesynden som hang med menneskeheten fra slekt til slekt.

Jesu blod var fullkomment, Jesu blod var Guds eget blod. Det blodet var fullkomment, et blod uten noe som helst mulighet til besmittelse av den første Adams blod. Hør hva Peter kaller dette blodet:

"Kristi dyre blod." (1 Peter 1, 19)

Det er umulig for et menneske å verdsette dette blodet

Dødt blod trekker til seg fluer. «Beèlsebul» fra hebraisk betyr «fluenes herre», eller «de fordervede fluers fyrste». Jesu blod har nøyaktig motsatt virkning! Jesu blod driver Beèlsebul og alle hans allierte tilbake. **Jesus blod** er Satan og demonenes fullkomne **overvinner.** Satan var den eneste som visste at Gud gikk iblant oss i Sin Sønns skikkelse. Den andre Adam var kommet. Satan visste at hans dager var talte. Gud vant en fullkommen seier for alle evigheters evigheter, over Satan og demonene, over syndens makt.

De guddommelige virkeligheter

*"Også dere, som var døde ved deres overtredelser, og deres kjøtts forhud, dere har Han gjort levende med Kristus - idet Han tilga oss alle våre synder, og utslettet skyldbrevet mot oss, som var skrevet med bud. Det tok Han vekk idet Han naglet det til korset. **Han avvæpnet maktene** og myndighetene og stilte dem åpenlyst til skue, **idet Han viste Seg som seiersherre** over dem, Satan og demonene, **på korset**."* (Koll 2, 13-15)

Den evige seier var vunnet. Jesus har reist tilbake til Sin Far i himmelen, samtidig som Han er her i oss som er født på ny og er fylt av den Hellige Ånds kraft.

"Jesus, Guds Sønns blod, renser oss fra all synd." (1 Joh 1, 7)

"Uten at blod blir utgytt, skjer ingen forlatelse." (Heb 9, 22)

La oss se på et fantastisk ord:
Dette vers omtaler Jesus:

"Og Han er kledd i et kledebånd som er dyppet i blod, og Han, Jesus, er kalt Guds Ord." (Åp19, 13)

De guddommelige virkeligheter

"Og det er tre vitner: Ånden, vannet og blodet, og disse går ut på ett."
(1 Joh 5, 8)

Vannet er ofte bilde på Guds Ord

"I det Han renset den (menigheten), de utvalgte (fellesskapet, ecclesia), idet Han renset den ved vannbadet i Ordet."
(Ef 5, 26)

Ordet har ingen virkning uten Jesu fullkomne blod - for Guds Ords liv, er i Guds hellige blod, uberørt av synd. Det er dette som beseiret Satan og demonene fullkomment på Golgata kors, da Jesu ga Sitt liv for menneskeheten, og tok verdens synd på Seg. Vi kan ikke ta den ene delen uten den andre. Den Hellige Ånd er i fullkommen overensstemmelse med blodet, vannet og Ordet - som er Kristus.

Blodet sprengt på bokrullen
I det Gamle Testamentet på soningsdagen, ble blod sprengt på bokrullen. Hvorfor ble det gjort? Det ble gjort fordi boken er livløs i seg selv, for dem som leser den uten at blodet er sprengt på den på forhånd. Både bokrullen og folket ble oversprengt med blod. Vi trenger navnet Jesus (med alt det Jesus gjorde for menneskeheten) og blodet. Fordi **livet er i blodet.**

De guddommelige virkeligheter

Det store seiersseglet

Det er fordi at Jesus Kristus utøste og ofret Sitt blod - og brakte det like hellig og rent tilbake til det himmelske - som det var da det kom til det jordiske, at navnet Jesus mottar Guds kraft og autoritet. På dette grunnlaget overga Gud all Sin kraft og autoritet til Jesus, Sin egen Sønn. **Jesu blod** ble sprinklet på nådestolen i det himmelske som det store **seiersseglet.**

>*"Og Jesus trådte frem til Sine disipler og sa: Meg er gitt all makt i himmel og på jord, gå derfor ut og gjør alle folkeslag til Mine disipler, idet dere døper dem til Faderens og Sønnens og den Hellige Ånds navn, og lærer dem å holde alt Jeg har befalt dere. Og se, Jeg er med dere alle dager inntil tidsalderens ende (direkte fra hebraisk)."* (Matt 28, 18-20)

>*"Og da Han i Sin ferd var funnet som et menneske, fornedret Han Seg selv, så Han ble lydig inntil døden, ja korsets død."* (Filip 2, 8)

På soningsdagen i det Gamle Testamentet, ble Kedron-bekken overfylt av dyreblod (som kunne flyte i dagevis), for å minne Jerusalems innbyggere om at når Gud lot Sin Sønn dø,

De guddommelige virkeligheter

åpnet Han en kilde som skulle strømme ut i all evighet.

> *"På den dag skal det være en åpnet kilde for Davids hus og for Jerusalems innbyggere mot synd og urenhet."* *(Sak 13, 1)*

Kilden som alltid flyter foran Satans hær
Denne kilden flyter alltid foran Satans hær, når vi synger, snakker, gjør veldedighet mot vår neste - eller opphøyer navnet Jesus og Hans blod. Det er ikke nok å tro på en **historisk Jesus,** eller på et historisk Jesu blod. **Vi må tro at det fungerer nå!** Kjærlighet er bare tomme ord, inntil det blir **satt ut i praktisk funksjon.** Det samme med navnet Jesus og Jesu dyre blod. Det å ha ammunisjon på lageret er unyttig. Få det ut der det skal være, i fronten, øye mot øye med fienden - og vinn seier hver gang.

Vi gjentar:
> *"Og de (du og jeg), seiret over ham, Satan, i kraft av lammets blod og de ord de (vi) vitnet."* *(Åp 12, 11)*

«Vitne» heter «martyr» på hebraisk, som igjen betyr «en som legger fram håndfaste bevis om at det han taler er sant». Du er en **praktisk utøver av Ordet** og blodet, som igjen gir deg seieren - hver gang du **bruker det.** Alle

De guddommelige virkeligheter

blodofringer i det Gamle Testamentet er der for
å vise oss en viktig betydning av Jesu blod og
hvilken autoritet det er i Jesu-navnet!

Jesu blod er utgytt en gang for all evighet
Nå kan vi gå direkte inn i helligdommen, når vi
vil, på blodets grunn og i Jesu navn.

> *"Da vi altså brødre, i Jesu blod har*
> *frimodighet til å gå inn i helligdommen*
> *... Så la oss tre fram med et sant hjerte, i*
> *troens fulle visshet, renset på hjertene.."*
> *(Heb 10, 19-22)*

Avsløring av Satans strategi for å beseire deg

11

"Dere skal kjenne sannheten og sannheten skal sette dere fri."
(Joh 8, 32)

Vi trenger alle som kristne å leve våre liv i åpenbaring av Bibelens Ord. Vi trenger alle å komme til det punktet, at vi kan si: «Jeg vet på **hvem** jeg tror». Herrens åpenbaring over Sine skrifter, vil føre oss til dette punkt.

"Men tro er fullvisshet om det som håpes, overbevisning om ting som ikke ses." (Heb 11,1)

Frykt ikke, bare tro

"Din datter er død, hvorfor bryr du Mesteren lenger? Jesus hørte det som ble sagt, og sa til synagogeforstanderen: ***Frykt ikke, bare tro.*** *" (Mark 5, 35-36)*

Løsningen for synagogeforstanderes problem lå akkurat her. Folk kom fra synagogeforstanderens hus og fortalte ham at hans datter var død. Samtidig ga de ham en korreks: «Hvorfor umaker du Mesteren lenger?»

Her ser vi hvordan de folkene som kom fra synagogeforstanderen hus, øyeblikkelig **fikk problem med frykt** i sine liv. Dette skjedde i det øyeblikket de møtte valget i en utfordring. De sa at datteren var død, men synagogeforstanderen aksepterte ikke det. **Han visste løsningen var hos Jesus, og han henvendte seg til Jesus. Han visste at løsning var hos Ham. Frykten hadde fanget folket som kom fra synagogeforstanderens hus. Nå ville fryktens ånd gjennom dem, forsøke å fange synagogeforstanderen med den samme fryktens ånd.**

Jesus hørte disse ord som ble sagt, og sa øyeblikkelig i en åndelig parering:

«Frykt ikke, bare tro»

Ser du? Alle ord er åndelige. Satan ville binde alle, om mulig - med ord. Og ordene var: "Din datter er død."

Hva velger du når livets utfordringer møter deg? Vil du tro Guds Ord og adlyde det Ordet sier? Eller vil du lytte til Satans ord, tro Satans ord og bli bundet i din sjel, i ditt sinn av fryktens ånd?

La oss se på lignelsen om talentene i evangeliene. (Jeg tar ikke alle vers med, men du kan lese dem). Vi leser:

De guddommelige virkeligheter

"Men også han kom fram som hadde fått det ene talent, og sa: «Jeg visste at du er en hard herre, som høster hvor du ikke sådde, og sanker hvor du ikke strødde. Derfor ble jeg redd, og gikk bort og gjemte ditt talent i jorden, se her har du ditt." (Matt 25, 18-30)

Ser du det? Ord fra Satan hadde bearbeidet denne tjenerens sinn. Først kom ordene om **tvilen** på å lykkes. Det var en tvilens ånd, den aksepterte tjeneren. Så kom Satans tanker tilbake med **fryktens** ånd. Den ble nå lettere akseptert. Tjeneren var allerede "myket" opp med ord fra tvilens ånd.

Fryktens ånd bringer død i situasjonen med seg

Det kan også være en fysisk menneskelig død, men nødvendigvis ikke. Derimot er det snakk om død i en situasjon som kunne vært frisk og levende, om troen hadde vært tilstede. Hør hva Bibelen sier om resultatet av en fryktens avgjørelse:

"Ta derfor talentet fra ham og gi det til ham som har de ti talent! For hver den som har, han skal gis, og han skal ha overflod; men den som ikke har, fra ham skal tas endog det han har. Og kast den unyttige tjener ut i mørket utenfor! Der

De guddommelige virkeligheter

skal være gråt og tenners gnissel. "
(Matt 25, 28-30)

Ser du hvordan fryktens ånds ord brakte død inn i mannens situasjon? Alle tjenerne var sikkert informert om det som skulle skje på forhånd. Det hadde gitt Satan god tid til å påvirke denne tjenerens sinn med ord fra tvilens ånd, som fikk det ene talentet. Fryktens ånd var klar til å binde ham, og gjorde det. Planen var nok allerede klar for å grave talentet ned, før herren reiste. Ser du hvor enkelt Satan kan binde deg med tvil og frykt, hvis ikke du kjenner Satans strategi og forstår at alle ord er åndsredskaper?

Alle ord er åndsredskaper

"… den ondes brennende piler" (Ef 6, 16)
"Men det kom en tanke opp i dem om hvem som var størst av dem… Men da Jesus så deres hjertes tanke …" (Luk 9, 46-47)

Her ser vi Satan skyter brennende piler mot vår sjel. Enten bombarderer han **tanker** eller så går han på **følelser**. Enhver følelse gir en tanke, og enhver tanke gir en følelse. Dette går begge veier. Alt ender opp med at du mottar tanker. Ser du det, "det kom en tanke til dem."

De guddommelige virkeligheter

Nøyaktig på denne måten som her beskrevet, ble tjeneren som fikk det ene talentet, angrepet av Satans ånder med **ord**. Denne tjeneren var blitt gjort helt forsvarsløs av Satan.

Vi ser litt nærmere på Satans arbeidsmetoder Satans angrep nr 1: Tvilens ånd

Angrepet settes alltid mot sinnet eller følelsene i sjelen, vår personlighet. Begge deler gir tanker. Tvilens ånds tanke er alltid det første som kommer. Det var også den som kom først til Adam og Eva:

> *"... treet til kunnskap om godt og ondt må du ikke ete av." (1 Mos 2, 17)*
> *"Har Gud virkelig sagt?" (3, 1)*

Tvilen ånd blir introdusert på en manipulativ måte. Den kommer veldig forsiktig og høres menneskelig ut. Det igjen gjør den enkel å akseptere. Dette er nøyaktig det samme vi så skjedde med tjeneren som fikk det ene talent. «Jeg visste … du høster hvor du ikke sådde». Her kom tvilen.

Så kom fryktens ånds tanke.

> *Derfor ble jeg redd." (Matt 25, 24-25)*
> *Ser du? Frykten kom.*

De guddommelige virkeligheter

Satans angrep nr 2:
Fryktens ånd

Først kommer tvilens ånd, så kommer fryktens ånd. Den samme fryktens ånd kom til tjeneren med det ene talent, som også kom til Adam og Eva.

> *"Og Adam svarte, da jeg hørte deg i hagen, ble jeg redd." (1 Mos 3, 10)*

Tvilens ånd holdt døren åpen i Adams sinn for **fryktens ånds** tanker. Nå kom fryktens ånd inn og tok over herredømmet. Den gjør oss **redd sannhetens Ord,** Bibelen, og dens løfter - og Jesu Kristi seier på Golgata kors.

> *"Da jeg hørte deg (Guds Ånds Ord), ble jeg redd (fryktens ånd)." (1 Mos 3, 10)*

Da kom fryktens ånd inn og tok over herredømmet. Satan vil ikke annet enn ødelegge oss. Hans ypperste våpen er frykt. Det samme skjedde tjeneren med det ene talentet.

> *"Derfor ble jeg redd (fryktens ånd)." (Matt 25, 25)*
> *"Og kast den unyttige tjener ut i mørket utenfor. Det skal være gråt og tenners gnissel." (Matt 25, 30)*

Det var ikke hans herre som kastet ham ut, men fryktens ånd.

Gipsen
Jeg hadde vært kristen i 2 år da dette skjedde, og var på praksis fra Bibel- og Misjonsinstituttet i Sarons Dal. Deler av sommeren var jeg i Antwerpen (Belgia), nå var jeg i Haugesund, Norge. Herren begynte denne sommeren å undervise meg om åndsmakter. Det skjedde mange ting, men jeg nevner en episode fra Haugesund her:
Det var en ung mann med gips på hele venstre underarm. Han hadde brukket noe i armen året før. Gipsen hadde han fremdeles på! Det luktet råttent av den. Han hadde alltid med seg en parfymespray, og brukte den på gipsen for å dempe den råtne lukten. Så fort jeg nevnte noe om gipsen, lyste hele mannen av frykt. Han var ingen kristen da, men overga så livet sitt til Jesus og ble født på ny. Men gipsen og frykten var der. Jeg sa til ham: «Jesus har tatt alle dine skrøpeligheter på Seg, så vi kan fjerne gipsen». Etter en ukes snakk rundt saken, var vi på en eller annen måte klare for å få av gipsen.

Inn på badet
Jeg fikk han med inn på badet. Frykten lyste ut av ham. Jeg begynte å fjerne gipsen på armen, han begynte å puste kort og raskt. «Vi slår av lyset så slipper du å se det», sa jeg. Jeg slo av lyset og rev gipsen raskt av. Armen hans ble

De guddommelige virkeligheter

vasket i mørket, og så tørket. Så slo jeg på lyset og tok armen hans opp foran øynene hans - så han måtte se på den! Armen var helt fin. I det øyeblikket han så det, forsvant frykten som dugg for solen fra hans sjelsliv. Han var fri fryktens ånd. Løgnen kunne ikke holde ham lenger.

Sannheten hadde beseiret frykten
Dette var på samme måte som det var med tjeneren med det ene talentet, og Adam og Eva i Edens hage. Satan har kun en strategi, og den må vi kjenne. Da er seieren alltid vår. Men **når tvilen aksepteres, kommer frykten,** når den aksepteres kommer **løgnen.** Deretter kommer dødens sendebud, som virker etter som det er behov for. Den unge mannen var overlykkelig. Han ble en helt annen person etter denne opplevelsen. Nå kunne han fungere som en ung, glad mann sammen med venner.

> *"Jesus sa: Dere skal kjenne sannheten og sannheten skal frigjøre dere." (Joh 8, 32)*

Løgnen var avslørt og sannheten akseptert – friheten var et faktum. Tvilen kommer Manipulerende inn først, så kommer fryktens ånd på plass.

De guddommelige virkeligheter

Løgnens frihet

Når løgnen kommer på en bestemt måte og du aksepterer den, **kjennes det som** du har blitt fri. Du har fått noe å legge frykten på. Men du har lagt frykten på løgnen - og blitt enda mer bundet! Du har gjort det i stedet for å legge frykten på sannheten - og blitt fri! Kjenner man ikke sannheten, skjer ikke det. Men når du møter sannheten og overgir alt til den, så blir du fri.

> *"Summen av Ditt Ord er sannhet, og til evig tid står all Din rettferdighets lov fast." (Salme119, 160)*

> *"For Han har sagt: Jeg vil aldri slippe deg, og aldri forlate deg." (Heb 13, 5)*

> *"For så har Gud elsket verden at Han ga Sin Sønn den enbårne, for at hver den som tror på Ham ikke skal fortapes, men ha evig liv." (Joh 3, 16)*

Satan vil ha oss ut av vår vandring i Guds Ord og med Guds Ord i det praktiske, fysiske liv. Satan vil ha oss til å vandre kontrollert av kjøttet, av våre sanser.

> *"Jesus sa: Vik bak Meg Satan, for du har ikke sans for det som hører Gud til, men bare for det som hører menneskene til." (Mark 8, 33)*

De guddommelige virkeligheter

Satans eneste mulighet til å ta oss, er at vi vandrer i kjøttet

"Derfor ble jeg redd, og gikk bort og gjemte ditt talent i jorden, se her har du ditt." (Matt 25, 25)

Har frykten kontroll over oss, har vi ingen mulighet til å bruke Guds våpen - vi er beseiret av Satan. Du blir en åndelig taper. Tvilen, frykten og løgnen, hindrer oss i å motta bønnesvar på alle områder!

Da jeg ble lammet fra livet og ned
Jeg hadde vært på møter med Morris Cerullo i Londons Royal Albert Hall, og hadde vært frelst i 3 år på den tiden (1976). Der på møtene ble jeg introdusert til flere forkynnere og det endte opp med møter i London litt senere på året. Dette var i bydelen Brixton. Da jeg la meg til å sove dagen før hjemreise var jeg i fin form - og våknet om morgenen lam fra livet og ned!

Hva gjør du da?
Jeg la Bibelen på gulvet og svingte bena mine ut og sto bokstavlig på Bibelen. Jeg sa høyt: «Om jeg ikke kan gå på mine egne sansers innskytelser, så skal jeg stå på Guds Ord som sier:

Ved Jesu sår har jeg fått legedom».
(Jes 53, 5)

De guddommelige virkeligheter

Jeg hadde store problemer, men kom meg til Norge og ble lagt inn på Ullevål sykehus (nevrologisk avdeling). I forveien hadde jeg vært innlagt på Ullevål sykehus med hjernehinnebetennelse. De fant en infeksjon i spinalvæsken i ryggraden, men kunne ingenting gjøre. Jeg har kjempet med dette i alle år, men har ikke en gang sagt at «nå er det så dårlig med meg». Jeg holder Guds Ord som den eneste, evige sannheten. Det Jesus gjorde på Golgata kors. Den forløsningen Han vant der, gjorde Han for meg og alle andre. Før du vet ordet av det, så løper jeg rundt igjen.

På mine møter over hele verden, kommer de til Kristus i tusenvis, og mennesker blir helbredet i mengdevis. Jeg fryder meg over Guds styrke og seier. Jeg vet at den er min i Jesu navn. Den som gir seg har tapt, den som ikke gir seg - har seiret i Jesu navn. Jeg er ikke helbredet fordi jeg **ser** det, men fordi **Guds Ord sier** jeg er helbredet. La ikke tvilen, frykten og løgnen få gripe deg.

Moodibidri-korstoget

I Moodibidri-korstoget, India, kom mordtruslene levert i brev på hotellet. På vei til første møtet, slo de med stokker på bilen og forsøkte å dra oss ut. Da vi kom til det første møtet var det 100 000 mennesker der. Alle var hinduer. En mann kom med traktor med henger, hengeren var full av syke som kom for å bli helbredet. Mennesker kom også til møtene med fly fra andre deler av India, for å bli frelst og helbredet.

Tenk, hinduer kom til møtene for å bli frelst av Jesus!

Hinduene overga sine liv til Kristus i hopetall, og helbredelsene var mange. Vi hadde vitnesbyrd i 2 timer etter forbønn. Jubelen var stor blant folket. Det er seier når vi ikke lar tvil, frykt og løgn få tak, men at vi i stedet ser på Kristus og Hans seier for oss.

Satans angrep nr 3: Løgnenes ånd

Nå kom løgnenes ånd som tvilen og frykten hadde banet vei for. Vi ser løgnens ånds ord var det som ga dødsstøtet i situasjonen med tjeneren med det ene talentet.

> *"Jeg visste Du høster hvor Du ikke sådde og sanker hvor Du ikke sådde."*
> *(Matt 25, 24)*

Her var det snakk om tjeneren sin herres eiendom. Det er ikke mulig å høste hvor man ikke sår, heller ikke er det mulig å sanke hvor det ikke er sådd.

> *«Jesus sa: For her er det et sant ord, at en sår og en annen høster». (Joh 4, 37)*

Her kom løgnen inn i tjenerens sinn på en ferdig opparbeidet vei - av tvilens og fryktens ånds tanker. **Det samme ser vi skjedde med**

De guddommelige virkeligheter

Adam og Eva i Edens hage. Her kom den samme løgnens ånd:

> «*Da sa slangen til Eva: Dere skal visselig ikke dø*». (1 Mos 3, 4)

Her ser du den frekke løgnens ånds ord. Her kom Satan med ord til ørene, ikke til tankene direkte. Bibelen sier det så klart:

> "*Den dagen du eter av det skal du visselig dø.*" (1 Mos 2, 17)

Ser du løgnens ånds ord i aksjon? De godtok løgnens ånds ord. De handlet på løgnenes ånds ord.

> "*Eva tok av frukten og åt; og hun ga sin mann med seg og han åt.*" (1 Mos 3, 6)

Dette er arvesynden. Den startet med mennesket første ulydighet mot Guds Ord. Dette er synden som har fulgt menneskeheten siden den dagen.

> "*Når han, Satan, taler løgn, taler han av sitt eget, for han er en løgner og løgnens far.*" (Joh 8, 44)

Først kommer tvilen. Når den godtas kommer frykten og binder deg. Så kommer løgnen. Den gjør enhver sannhet til en løgn! Og den får frykten i deg til å roe ned. Så kommer handlingen på løgnen - og synden fødes. Dette er også tro, men tro på Satans ord. Vår tro skal være basert på Guds Ord, seierens ord.

> *"Men han må be i tro uten og tvile, for den som tviler ligner havsbølgen, som drives og kastes av vinden. For ikke må det menneske tro at han skal få noe av Herren. Slik en tvesinnet mann, ustø på alle sine veier." (Jakob 1, 6)*

Allerede i første angrep fra Satan, med tvilens ånds tanker, er vi avskåret fra bønnesvar
En kort oppsummering vil da bli: Husk alle **ord er åndelige.**
1) Tvil
2) frykt
3) løgn,
4) tro løgnen
5) frykten løsner, synden fødes - gjennom troen på løgnen.

Satan får alle sine negative krefter til å flyte over i hverandre. Derfor er det så viktig at vi får forståelse av Satans strategi. Da tar vi ham hver gang, og vi blir sterke i Herren – fordi: Du må igjennom kamper og seire med ditt eget liv, før du kommer til den åpenbaringens forståelse som du må ha for alltid å stå fast i seieren.

De guddommelige virkeligheter

Men det viktigste er at du har en villig, bestemt holdning. En holdning som sier: **Jeg følger Jesus uansett.**

De guddommelige virkeligheter

Troens virkelighet

Kommuniser med, samarbeid med og ta imot

12 Hva er bønn? Bønn i bibelsk mening, er noe vidt forskjellig fra det vi forstår med bønn i allmen-religiøs sammenheng. Alle forskjellige typer bønn mennesker fremfører, er et resultat av den Gud Jehova-nedlagte "evighetens evighet i våre hjerter, kosmos i våre hjerter", som Bibelen beskriver. Jeg gir deg to skriftsteder du kan se på som tar dette opp. Det ene er Forkynneren som sier:

> *"**Evigheten** (evighetens evighet, kosmos) er nedlagt i alle menneskers hjerter, men ikke til det fulle så vi skal forstå det verk Gud har gjort fra begynnelsen til enden." (Fork 3, 11)*

Det andre er Markus 16, 15:

> *"Gå ut i all **verden** (evighetens evighet, kosmos) og forkynn evangeliet for all skapningen."*

De guddommelige virkeligheter

Vår forståelse av hele vår Guds tilnærming blir helt annerledes, når vi forstår dybden av disse ordene. Da vil vi forstå mye mer i hvilken posisjon Gud vil ha oss til Ham. Dette er en helt annen type bønn, enn den allmenn-religiøse bønnen. Bønner vi kan høre i kristne sammenhenger, blant hedninger og blant avgudsdyrkere. Alle forsøker på sin måte å få en tilnærming til en åndelig virkelighet. Det er ene og alene av den grunn at evighetslengsel og dragning av samme type element som det åndelige, er lagt ned i all skapningen.

Sann bønn knytter seg til Guds åpenbaring
I sitt dypeste vesen er bønn henvendelse til Gud og **samfunn med Gud.** Den troendes sjel og ånd taler med sin Gud Jehova, Guds Sønn Jesus og den Hellige Ånd.

Bønn er høyeste form for "åndsvirksomhet"
Bønn er derfor den høyeste form for "åndsvirksomhet". Et hvert menneske er skapt i Guds bilde (1 Mos 1, 28), det er tilrettelagt en logistikk, en kommunikasjonslinje fra mennesket til den levende Gud. Her er det snakk om et helt personlig kjennskapsforhold til den treenige Gud Jehova.
En rekke hebraiske ord er brukt om bønn i det Gamle Testamentet. Bare for å nevne noen, så har vi "deesis" som kan menes **begjæring,** rettet til Gud eller menneske. "Parakaleo" som kan mene **tilkalle for å få hjelp.** Bønn har en

De guddommelige virkeligheter

stor plass i Skriften. Men selve fundamentet, hva bønn egentlig er: **Bønn er den høyeste form for "åndsvirksomhet"**. Et hvert menneske er skapt i Guds bilde *(1 Mos 1, 28)*, det er tilrettelagt en logistikk, en kommunikasjonslinje fra mennesket til den levende Gud. Her er det snakk om et helt personlig kjennskapsforhold til den treenige Gud Jehova.

De åndelige lover må følges
Skal vi oppleve balanse fysisk, må vi følge de fysiske lover. Vi kan ikke hoppe ut fra en høy bygning og tro vi kan fly. De fysiske lover, i dette tilfelle tyngdekraften, vil få deg til å falle i bakken. Slik er det også på det åndelige området. Vi må følge de åndelige lover, for ikke å falle i den "åndelige bakken" billedlig talt. Jeg vil begynne med et viktig vers fra Hebreerbrevet i denne sammenheng:

> *"Uten tro er det umulig å tekkes Gud, den som trer fram for Ham 1) må tro at Han er til 2) og at Han lønner 3) den som søker Ham."* (Heb 11, 6)

Nå delte jeg dette verset i tre deler. La oss ta det del for del.

1)Må tro Han er til, må tro Gud er til.
Hva betyr dette å tro at Han er til?
Nå snakker vi ikke om den troen som naturlig

ligger i deg, fordi du er skapt i Guds bilde. Den troen er den troen som gjør at du tror at Kristus er Guds Sønn, og at du tror at Gud Jehova oppvakte Jesus ifra de døde.

Når du vil tro det, har du det
Dette er troen som fører deg frem til frelsen og gjenfødelsen, når du vil tro det. (Fork 3, 11)

Ateister finnes ikke
Det finnes det ikke ateister, men derimot Guds-fornektere. Bibelen sier evigheten er lagt ned i alle menneskers hjerter. Troen på evighetens Gud er skapt i oss. Derfor har vi alle en tro på den oppstandne Kristus i oss, og Gud Fader. Den troen jeg nå snakker om, er Guds åpenbaring personlig til deg.

> *«Av nåde er dere frelst, ved tro, det er ikke av dere selv, det er en Guds gave».* *(Ef 2,8)*

> *«Alt har Han gjort skjønt i sin tid, også evigheten (kosmos) har Han lagt i deres hjerte, men slik at mennesket ikke til fulle kan forstå det verk Gud har gjort, fra begynnelsen til enden». (Fork 3,11)*

De guddommelige virkeligheter

Åpenbaringens videreførende tro

> *"Tro er full vishet om det som håpes,*
> *overbevisning om ting som ikke sees."*
> *(Heb 11,1)*

Denne type tro vil jeg kalle en åpenbaringens
videreførende tro. Skritt nummer 1 er å bli født
på ny: Jesus sa til Nikodemus:

> *«Uten at noen blir født på ny, kan han*
> *ikke se Guds rike». (Joh 3,3)*

Videre leser vi:

> *"For alt det som er født av Gud, seirer*
> *over verden; og dette er den seier som*
> *overvinner verden: Vår tro."*
> *(1 Joh 5, 4)*

Når dette har skjedd i livet ditt, da har du blitt en ny skapning

> *"Derfor, dersom noen er i Kristus, da er*
> *han en ny skapning; det gamle er borte,*
> *se alt har blitt nytt." (2 Kor 5, 17)*

> *"Troens opphavsmann og fullender."*
> *(Heb 12, 2)*

Ser du det gjennom disse Guds Ord, nå
personlig til deg? Du er født på ny, du har

De guddommelige virkeligheter

troens åndelige gener, du har troens åndelige arveegenskaper.

Her ligger den gjenfødtes store mulighet
Det er du som er født på ny som har muligheten til å bevege deg ut i åpenbaringens videreførende tro som Hebreerne 11, 1 forteller om:

"Tro er full visshet om det som håpes, overbevisning om ting som ikke sees."

Det Ordet, Bibelens Ord, Gud åpenbarer (levendegjør) for deg, er det du tror. **Det du tror kan du gjøre - og ingenting annet.**

2) Og at Han lønner
Hvordan kan de tro på en de ikke har hørt om? Eller hvordan kan de vite at Han lønner, hvis de ikke vet hva som står skrevet?

"Hvordan kan de da påkalle den som de ikke tror på? Hvordan kan de tro, der de ikke har hørt? Og hvordan kan de høre uten at det er noen som forkynner?"
(Rom 10, 14b)

Nå kommer noen belysende, åpenbarende vers i denne sammenheng:

"Så kommer da troen av forkynnelsen, og forkynnelsen av Kristi Ord." (Rom 10, 17)

Her ser vi den videreførende troen vokser, den troen vi fikk i den nye fødsel.

Troen - og troens åpenbaringsforkynnelse - får troen til å øke

Det er kun åpenbaringsforkynnelse til deg, eller dine egne praktiske opplevelser av at Guds Ord fungerer igjennom deg, som vil få din tro til å øke i styrke og overbevisning.

Ser du nøye på verset vi akkurat leste, så ser du det står "troen kommer av forkynnelsen av **Kristi** Ord." Det står ikke Guds Ord.

Kristi Ord er det åpenbarte Guds Ord

Kristi Ord er det levende Guds Ord **i deg** som fikk åpenbaringen. Det ordet tror du, det ordet har du troens fulle overbevisning på. Du har ikke troens fulle visshet og åpenbaring på teologi, men på det åpenbarte Guds Ord, som er Kristi Ord til deg. **Våre liv blir styrt av Gud - ved tro.**

3) Som søker Ham

*"Jesus sa: Fra døperen Johannes dager
og like til nå, blir himmelriket stormet
og de som stormer det, river det til seg."
(Matt 11, 12)*

*"Dere har ikke utvalgt Meg, men Jeg
har utvalgt dere, og satt dere til å 1)
bære frukt, frukt som varer. 2) For at
Faderen skal gi dere alt dere ber om i
Mitt navn." (Joh 15, 16)*

Bære frukt? Hvorfor?
Det å bære frukt er helt grunnleggende for svar
på bønn. Vi må inn i åpenbaringens verden i
den Hellige Ånd, i den åndelige verden. Det må
satses alt for å få dette i funksjon.

Våre liv må bære Åndens frukt
Åndens frukter blir vi bærere av, litt etter litt.
Jo mer vår overgivelse til Kristus blir en
virkelighet i våre liv, jo mer vil Åndens frukter
komme til syne. Mer og mer vil vi komme inn
og leve i Åndens åpenbarings-verden.

*"Men Åndens frukt er kjærlighet, glede,
fred, langmodighet, mildhet, godhet,
trofasthet, saktmodighet, avholdenhet."
(Gal 5, 22)*

De guddommelige virkeligheter

Å komme inn i dette er fullt mulig for enhver gjenfødt kristen som vil satse. Jesus sier det så flott:

"Han skal vokse, jeg skal avta." (Joh 3, 30)

"Paulus sier: Så jeg kan få kjenne Ham, Kristus og kraften av Hans oppstandelse og samfunnet med Hans lidelser, idet jeg blir gjort lik med Ham i Hans død."
(Filip 3, 10)

Troens åpenbaringsprosess
Denne troens åpenbaringsprosess settes i gang ved innvielse og overgivelse til Kristus Jesus. En sterk søken etter Guddommen, uten å gi opp. Dette igjen betyr at Han blir den styrende i våre liv, gjennom Sitt Ord, Bibelen. Vårt eget ego må legges vekk. Den tilmålte tro Gud Fader har for en og hver av oss, er det fullt mulig å komme inn i. Jeg sier det igjen, våre liv styres av Guds-åpenbaringens tro til hver enkelt av oss. Gud styrer hva din tro skal tro (Heb 11, 1). Her ligger Guds ledelse av ditt liv. Du gjør kun det du får tro for.

De guddommelige virkeligheter

13

Hvordan ber vi for å motta?

Når vi lever våre liv grunnleggende overgitt til Kristus, med en åndelig forståelse av Skriften og en naturlig forståelse av livet i Guds Ånd, den Hellige Ånd, i den åndelige verden, som vi da naturlig vil få.

«Da skal Faderen gi dere alt dere ber om i Mitt navn». Alt vi ber til Faderen om i Jesu navn. Når vi er på det punktet med et overgitt liv til Kristus, vil vi kun be etter Guds vilje. Og det er bare **ved å be etter Guds vilje,** vi får svar. Guds vilje finner vi da i alt det skrevne Guds Ord, Bibelen.

> *"Til Jesus, mellommannen for den nye pakt, og til det rensende blod som taler sterkere enn Abels blod." (Heb 12, 24)*

Bønn til Faderen i Jesu navn
Løfte for bønnesvar på alle ting
Når vi skal be den type bønn, bes det alltid
til Faderen - i Jesu navn

1

*"Dere har ikke utvalgt Meg, men Jeg
har utvalgt dere, Jeg har satt dere til å
gå ut og **bære frukt,** frukt som varer
(Åndens frukt, Gal 5, 22), for at det skal
gis dere alt dere ber Faderen om **i Mitt
navn,** i Jesu navn."*
(Joh 15, 16)

2 Hva to eller tre blir enige om å be Faderen
om i Jesu navn, skal de få
Altså, to eller tre gjenfødte samles i Jesu navn,
og ber til Faderen i Jesu navn.
"Alt det to av dere blir enige om å be om, skal
dere få av Min Far i himmelen.

*For hvor to eller tre er samlet i Mitt
navn, i Jesu navn, der er Jeg midt i
blant.*
(Matt 18, 19-20)

Her er en dobbel forsikring fra himmelen på
bønnesvar på alt, når det bes til Faderen i Jesu
navn: Å be til Faderen i Jesu navn, gjelder
hovedsakelig all himmelens velsignelse. Det
gjelder absolutt alt som er blitt vårt ved Jesu
fullkomne verk på Golgata kors. 5 Mos 28, 1-
15 og 2 Mos 23, 25-25 forteller oss om disse
velsignelsene.

Bønn i Jesu navn

>*"Jesus sa: Og disse tegn skal følge dem som tror (som er født på ny), i Mitt navn, i Jesu navn, skal de drive ut onde ånder, de skal tale nye tungemål. Og de skal ta slanger i hendene; og de drikker noe giftig, skal det ikke skade dem. De skal legge hendene på de syke og de skal bli helbredet." (Mark 16, 17-18)*

>*«Herre! Selv de onde ånder er oss lydige i Ditt navn».*

Dette var en sannhet og **er** en sannhet, men det må brukes for Guds rike! Ikke for at vi skal synes det er noe å skryte av eller har en underholdningsverdi. Gjør vi det, er vi over i kjøttet - og der tar Satan seieren!

>*«Se, Jeg har gitt dere makt til å trå på slanger og skorpioner og over alt fiendens velde, og ingenting skal skade dere». (Luk 10,1.7.19)*

Det er sant, vi har makt over alt fiendens velde, Satans velde, i Jesu navn.

>*"Han, Jesus Kristus, avvæpnet maktene og myndighetene, og stilte dem åpenlyst til skue, idet Han viste Seg som*

De guddommelige virkeligheter

seiersherre over dem på korset." (Koll 2, 15)

Jesus fullbrakte verket på korset, over Satans og demonenes velde. Så når vi har inntatt seiersposisjonen med våre liv og **vet** at vi har seieren - da proklamerer og befaler vi i Jesu navn. Dette er et evig faktum.

Eksempler på bønn og proklamasjon fra Bibelen

I Jesu navn

"Men Peter og Johannes gikk sammen opp i tempelet ved bønnens time, som var den niende. Og det ble båret fram en mann som var vanfør fra mors liv av, og som de daglig la ved tempeldøren som kalles «den fagre», for å be dem som gikk inn i tempelet, om almisse. Da han så Peter og Johannes som ville gå inn i tempelet, ba han om å få en almisse. Men Peter så skarpt på ham sammen med Johannes og sa: Se på oss! Han ga da akt på dem, for han ventet å få noe av dem. Men Peter sa: Sølv og gull eier jeg ikke; men det jeg har, det gir jeg deg: I Jesu Kristi nasareerens navn – stå opp og gå! Så grep han ham ved den høyre hånden og reiste ham opp. Og straks fikk hans føtter og ankler styrke, og han sprang opp og sto og gikk omkring. Han fulgte med dem inn i tempelet, og gikk

omkring der og sprang og lovet Gud."
(Apg 3, 1-7)

Det samme miraklet i Pakistan
Dette er en fantastisk historie. Jeg fikk oppleve
akkurat det samme som Paulus i Pakistan. Jeg
var akkurat ferdig med kveldens korstogsmøte.
Tusener var blitt frelst og mengdevis helbredet.
Vi hadde lang kø av vitnesbyrd på plattformen.
Det var det samme hver kveld: Jesus var med
og stadfestet Sitt eget Ord med utfrielser,
helbredelser og frelse.
Jeg var på vei ut av møteområdet, og gikk i
følge med flere pastorer. Da vi kom til den
store portalen ved utgangen av området, satt
det en lam mann og ba om almisser. Han satt
der hver gang det var noe som samlet
mennesker på plassen. Han ventet å få noen
almisser da han så jeg kom gående. Historien
om Peter slo som et lyn ned i meg. Jeg gikk rett
bort til mannen og sa: «Sølv og gull har jeg
ikke, men det jeg har det gir jeg deg: I Jesu
Kristi navn stå opp og gå!»
Så ga jeg mannen hånden min, og dro armen
hans opp. Han brukte sine egne bein og sto opp
fullkommen helbredet fra sine lammelser.
Mannen trodde ikke det var sant, men han
gikk! De som var rundt ham, ga meg krykkene
- og mannen gikk ved siden av meg ut av
portalen og møteområdet.

Her var det en proklamasjon og bruk av navnet Jesus

Jesu fullbrakte verk på Golgata kors, over alt fiendens, Satan og demonenes velde - ber vi direkte om i Jesu navn.

"Peter kom ned til noen hellige (født-på-ny kristne) i Lydda. Der var det en mann ved navn Ænas, som hadde ligget åtte år til sengs fordi han var verkbrudden. Og Peter sa til ham: Ænas! Jesus Kristus helbreder deg; Stå opp og re selv din seng! Og straks sto han opp."
(Apg 9, 32-34)

Den lamme lille gutten som gikk i Jesu navn

Jeg husker et møte i Lahore, Pakistan. Jeg skulle til å be helbredelsesbønnen fra plattformen, men ble stoppet. Jeg ble nektet å be for syke i møtet av myndighetspersoner som var tilstede. Det var 12 000 mennesker til stede i møtet, så dette ble en vanskelig situasjon. Bortenfor møteområdet, var en stor åpen plass. Jeg spurte om jeg kunne be for syke der borte. Til det spørsmålet svarte de «ja». Da sa jeg over mikrofonen og pekte på den åpne plassen: «Der borte ber jeg for syke, jeg går bort dit nå». Jeg gikk ned fra plattformen og bort dit. Folket fulgte etter og jeg var omringet av folkemengden. En lam gutt ble tatt frem av sin mor. Hun sto med gutten i armene sine 3 meter bortenfor og bare kikket på meg. Jeg pekte på gutten og sa høyt: «Gå i Jesu navn!» Moren satte gutten ned på bakken - og han gikk øyeblikkelig - helbredet. Og folket jublet. Her var det en kort proklamasjon i Jesu navn - og gutten gikk! Vi tar noen flere historier med proklamasjon i Jesu navn.

> *"Da ble Paulus harm, vendte seg om og sa til ånden: Jeg byr deg i Jesu Kristi navn å fare ut av henne! Og den for ut i samme stund." (Apg 16, 18)*

Hendelser som dette har jeg opplevd i hundrevis på hundrevis, i alle varianter. Det er underlig, de demonplagede blir dratt til møtene. Det er alltid fullt av mennesker som er plaget av Satan og demoner. Bak plattformen samler vi alltid de plagede, og kaster demonene ut av dem - i Jesu Kristi navn.
Jeg tar med en hendelse til fra Apostlenes gjerninger.

> *"Og nå Herre! Hold øye med deres trusler, og gi dine tjenere å tale Ditt Ord med all frimodighet. Idet Du rekker Din hånd ut til helbredelse og til tegn og undergjerninger ved Din hellige tjener Jesu navn. Og* **da de hadde bedt, skalv det sted hvor de var samlet,** *og de ble alle fylt med den Hellige Ånd, og de*

De guddommelige virkeligheter

talte Guds Ord med frimodighet." (Apg 4, 29-31)

Hele bygget ristet

Jeg husker en historie helt lik denne i Norge. Det var på møte med Full Gospel Business Men hvor jeg var taleren. Det var mange menn til stede på et hotell på Larkollen ved Moss. Vi sto rundt bordene med løftede hender etter jeg hadde sagt noen ord, og vi ba om at den Hellige Ånd skulle fylle oss. I samme sekund begynte hele bygget å riste - og det ristet lenge. Og vi ble alle fylt med den Hellige Ånd. Alle forsto at det var Guds kraft som ristet hotellet og så på det med stor undring. Gud var iblant oss på en spesiell måte. Ingen av brødrene glemte denne historien. Vi æret, priste og oppløftet navnet Jesus - og så ristet bygget lenge.

Den grunnfestede makt

"Jeg har gitt dere makt til å trå på slanger og skorpioner og over alt fiendens velde, og ingenting skal skade dere." (Luk 10, 19)

"Men da Paulus sanket i sammen en hop tørre kvister og kastet dem på ilden, krøp en orm ut på grunn av heten og bet seg fast i hånden hans. Da nå de innfødte så dyret henge ved hans hånd,

De guddommelige virkeligheter

sa de til hverandre: Dette mennesket er visselig en morder, som den hevnende rettferdighet ikke gir lov til å leve, skjønt han er berget fra havet. Han rystet da dyret av seg inn i ilden, og hadde ikke noe men av det. Men de ventet at han skulle hovne opp eller falle død om med det samme. Da de nå ventet lenge, og så at han ikke hadde noe ondt av det, kom de på andre tanker, og sa at han var en Gud." (Apg 28, 3-6)

Her ser vi en demonstrasjon av den grunnfestede makt. Paulus hadde kommet til det punktet i sitt åndelige liv med Kristus, at **han visste på hvem han trodde.** Paulus sto støtt i sin tro på Kristus, han var blitt en grunnfestet makt i Kristus! Det er det Herren vil vi alle skal bli - og vi kan bli det. Hør hva Guds eget Ord sier:

"Han, Gud, grunnfestet en makt for Sine motstanderes skyld, for å stoppe munnen på fienden og den hevngjerrige, Satan." (Salme 8, 3)

Trusler verden rundt
Paulus var kommet til det punktet i sitt kristenliv, at han var slik. Jeg har også mange opplevelser, men ikke med slanger. Slike episoder verden over, er nok til at Satan og demonene gir seg. Omtrent alltid på

De guddommelige virkeligheter

møtekampanjer, får jeg muntlige meldinger fra mine medarbeidere, som har vært kontaktet av heksedoktorer (eller andre Kristus-hatere). Brev har blitt overlevert meg både på hotell og på plattform. Når Satan og demonene avslører seg som dette rundt om i verden gang etter gang, så er det nettopp fordi han møter **overvinneren** Kristus, i meg. Han møter ikke en beseiret Kristus i meg, men overvinneren Kristus. Han møter meg som en grunnfestet makt for mine motstanderes skyld.

La oss se på historien der Jesus vekker Lasarus opp ifra de døde

> *"Da tok de steinen bort. Men Jesus løftet Sine øyne mot himmelen og sa: Far! Jeg takker Deg fordi Du har hørt Meg. **Jeg visste** jo at du alltid hører Meg, men for **folkets skyld** som står omkring, sa Jeg det, for at **de** skal tro at Du har utsendt Meg. Og da han hadde sagt dette, ropte Han med høy røst: Lasarus, kom ut! Da kom den døde bundet med likklede på føtter og hender, og om hans ansikt var bundet en svetteduk. Jesus sier til dem: Løs ham og la han gå!»* (Luk 11,41-44)

Jesus ba bønnen for menneskenes skyld. Han behøvde jo ikke ha bedt den, for Jesus Kristus

selv var jo til stede som den grunnfestede makt
Han er, med all himmelens kraft med Seg.

Øst-Afrika. Jeg ropte: Løs ham og la ham gå!

23 år gammel reiste jeg rundt i Øst-Afrika og
hadde møter. Jeg husker godt dette spesielle
møtet. Salen var overfylt av mennesker, jeg
kan tenke meg det var en 300 tilstede.
Plattformen var full av afrikanske pastorer.
Etter å ha talt ferdig var det bønn for syke og
plagede. Da jeg skulle starte å be, kjente jeg det
helt konkret: Engler kom ned på hver side av
meg og bare sto der. Det høres kanskje litt rart
ut, men dette var første opplevelsen av dette
slag, og det ble mange etter som årene gikk.
Alle i salen sto, jeg rakk hendene ut og sa noen
få ord om Jesus ved Lasarus grav. Så sa jeg
høyt: «Løs ham og la ham gå!» Da beveget
englene seg rett ned i folkemengden. De traff
første rad, så andre rad også videre. Etter som
de gikk gjennom folkemengden, falt
menneskene i gulvet. Til slutt lå hele
forsamlingen i gulvet. Mange skrek og
demonene kom ut. Andre ble helbredet. Alle
pastorene på plattformen skrek. Den eneste
som var rolig, det var meg. Jeg hadde ikke vært
kristen mer enn i 3 år. Men Herren var med
meg, jeg sto som en grunnfestet makt som en
ung mann, seieren var helt åpenbart til stede
der. Når Kristus kommer i oss, og vi **vet** Han er

i oss med styrke, da går Satan og demonene!
De vet de er slått.

Guds tro i vår tro

14

"Jesus sa: Hvis dere blir i Meg og Mine Ord blir i dere, da be om hva dere vil og dere skal få det."
(Joh 15, 7)

Dette går begge veier – vår tro i Guds tro

Det er **betingelser som må oppfylles** for at vi skal få svar på våre henvendelser til Gud, grunnleggende svar på hvorfor vi ikke mottar svar på våre henvendelser til Gud. Jeg velger å bruke ordet **henvendelser** i stedet for bønn, for å gi en litt mer nyansert vinkling. Svaret har så mange ganger ikke kommet, så mange har blitt sittende frustrerte tilbake.

Troen som fører deg til det nye livet i Kristus

Vi har en grunnleggende tro i vår ånd, som har vært der siden vi ble født som et naturlig menneske. Det er den troen i vår ånd som er så sterk at den fører oss frem til frelsens og gjenfødelsens punkt. Hvis vi vil.

> *"Av nåde er dere frelst ved tro, det er ikke av dere selv, det er en Guds gave."*
> *(Ef 2, 8)*

Denne troen strekker seg mot neste nivå av tro. Det nivået er som følger:

"For dersom du med din munn bekjenner Jesus som Herre og i ditt hjerte tror at Gud oppvakte Ham ifra de døde, da skal du bli frelst, reddet, inn i et nytt liv, ja født på ny." (Rom 10, 9)

Den Guds-byggende troen etter gjenfødelsen

"Alt det som er født av Gud, seirer over verden, og dette er den seier som har overvunnet verden, vår tro." (1 Joh 5, 4)

Den viderebyggende troen kommer med åpenbaringen i Guds Ord

"Liksom dere altså mottok Jesus Kristus som Herre, så vandre i Ham." (Kol 2, 6)

Vår tro i –

"Jesus sa: Dere blir i Meg." (Joh 15, 7)

"Gud har tilmålt enhver hans mål av tro." *(Rom 12, 3)*

De guddommelige virkeligheter

Har vi kommet til dette punktet i vår vandring med Kristus, vil vi oppleve at **Gud** er den som **gir oss tro** for det vi skal ha tro for. Den troen kommer ene og alene ved **guddommelig åpenbaring.** Dette kan vi ikke bekjenne oss frem til eller få presset frem på noen annen måte. Det er **Gud alene** som styrer dette. Det eneste vi kan gjøre i denne sammenhengen, er å stille våre liv disponible for Gud. Her ser du våre gudgitte muligheter for videre å vokse inn i kraftens evangelium, med tyngde og autoritet. Jo mer du er villig til å legge ned av ditt eget kjøtt, jo mer kan Herren få begynt å bruke deg slik Han vil. Det er en himmelsk dimensjon av det overnaturlige, til bruk i det naturlige som venter på deg.

Guds tro i –

"Mine Ord blir i dere" (Joh 15, 7)

"Jesus sa til dem: Er det ikke derfor dere farer vill, fordi dere ikke kjenner skriftene og heller ikke Guds kraft." (Mark 12, 24)

Jesus sier det, men dette var ord som ikke disiplene hadde noe forståelse av. Men du forstår det. De hadde ikke den åpenbaringsmuligheten og det skrevne Guds Ord, Bibelen, som du har. De fikk noe sansekunnskap, men det er

De guddommelige virkeligheter

åpenbaringskunnskapen som må til for å bygge troen og forståelsen i Ånden.

> *"Så jeg kan få kjenne Ham, Kristus, ikke kunnskap om, og kraften av Hans oppstandelse og samfunnet med Hans lidelser, idet jeg blir gjort lik med Ham i Hans død." (Filip 3, 10)*

Det er en pris å betale med vårt eget kjøtt, for Guds kraft og det intime fellesskapet med Kristus Jesus.

> *"For dertil ble dere også kalt, fordi Kristus led for dere og etterlot dere et eksempel, for at dere skal følge etter i Hans spor." (1 Peter 2, 21)*

Jesu forsoningsverk på Golgata kors ville vært **forgjeves** - hvis Han ikke var **prøvd i alt i likhet med oss.** Hadde Han ikke hatt disse prøvelsene, så hadde Han ikke visst hva Han ga Sitt liv for. Golgataverket hadde vært uten gyldighet - og vi hadde vært evig fortapt.

> *"Jesus sa: Dere har ikke utvalgt Meg, men Jeg har utvalgt dere, og Jeg har satt dere til å gå ut og bære frukt, frukt som varer, for at Faderen skal gi dere alt dere ber Ham om i Mitt navn, i Jesu navn." (Joh 15, 16)*

De guddommelige virkeligheter

Er du her, så er du i rett posisjon for å motta svar fra himmelen. Guds tanker blir dine tanker, Guds følelser blir dine følelser, Guds vilje blir din vilje. Jesu Ord i oss, overgivelsens ord i oss.

> *"Vandre i Ånden, så skal dere ikke fullbyrde kjøttets gjerninger."*
> *(Gal 5, 16)*

> *"Til frihet har Kristus frigjort dere, la dere ikke igjen legges under trelldoms åk." (Gal 5, 1)*

> *«Vær derfor Gud undergitt! Men stå djevelen imot, og han skal fly fra dere».*
> *(Jak 4, 7)*

Innta holdningen:

> *"Av barns og diebarns munn har Du grunnfestet en makt for Dine motstanderes skyld, for å stoppe munnen på fienden og den hevngjerrige." (Salme 8, 3)*

De guddommelige virkeligheter

De guddommelige virkeligheter

Tro og åpenbaring

15

Gud åpenbarer Seg for Moses

«Der åpenbarte Herrens engel Seg for ham i en i en luende ild, midt ut av en tornebusk. Og han så opp, og se tornebusken sto i lys lue, men tornebusken brente ikke opp. Og Moses sa: «Jeg vil gå bort og se dette vidunderlige syn, hvorfor tornebusken ikke brenner opp». Da Herren så at han gikk bort for å se, ropte Gud til ham midt ut av tornebusken og sa: «Moes, Moses!» Og han svarte: «Ja, her er jeg». «Så gå nå av sted, Jeg vil sende deg til Farao, og du skal føre Mitt folk, Israels barn ut av Egypt!» Og Gud sa til Moses: «Jeg er den Jeg er». Og Han sa: «Så skal du si til Israels barn: «Jeg er» har sendt meg til dere». (2 Mos 3, 2-4.10.14)

Gudsåpenbaring fikk Moses til å fortsette ut i troens handling og vandring.

Gud åpenbare Seg for Gideon

«Og Herrens engel kom og satte Seg under den eiken som står i Efra, der hvor Joas av Abiesers ætt rådet. Gideon, hans sønn sto da og tresket hvete i

De guddommelige virkeligheter

*vinpersen for å berge den for midianittene. Og **Herrens engel åpenbarte Seg** for ham og sa til ham: «Herren er med deg, du djerve kjempe!» Men Gideon sa til ham: «Hør på meg, Herre! Er Herren med oss, og hvor er alle Hans undergjerninger som våre fedre har fortalt oss om, idet de sa: Førte ikke Herren oss opp av Egypt? Men nå har Herren forlatt oss og gitt oss i midianittenes hånd». Da snudde Herren seg til ham og sa: «Gå av sted, så sterk som du er, så skal du frelse Israel av midianittenes hånd. Har **Jeg** ikke sendt deg?» (Dom 6, 11-14)*

Åpenbaring fra Gud var det som fikk Gideon ut i troens vandring

Ingen satte seg i bevegelse uten åpenbaring fra Gud.

"Uten åpenbaring farer folket vill, blir folket tøilesløst." (Ord 29, 18)

"Hvordan kan de tro, der de ikke har hørt, og hvordan kan de høre uten at det er noen som forkynner." (Rom 10, 14)

"Så kommer da troen av forkynnelsen, og forkynnelsen av Kristi Ord." (Rom 10, 17)

De guddommelige virkeligheter

Kristi Ord

Kristi Ord er det åpenbarte, skrevne Guds Ord, Bibelens Ord til deg.

"Tro er full visshet om det som håpes, overbevisning om ting som ikke ses."
(Heb 11, 1)

Du kan ikke tro noe som ikke er **åpenbart** for deg av det skrevne Guds Ord. Før det blir levendegjort gjennom åpenbaring til deg, er for deg bare en teologisk teori. Det vil kun være en død teologisk forståelse. Ved Guds åpenbaring til deg personlig, blir det levende med full overbevisning. Da går du gjennom ild og vann på det, fordi du vet det er sant.

«Men som skrevet er: Hva øye ikke så og øre ikke hørte, og hva ikke oppkom i noe menneskes hjerte, hva Gud har beredt for den som elsker Ham. Men oss har Gud åpenbart det ved Sin Ånd. For Ånden ransaker alle ting, også dybdene i Gud. For hvem iblant mennesker vet hva som bor i mennesket, uten menneskets ånd som er i ham. Således vet heller ingen hva som bor i Gud, uten Guds Ånd. Men vi har ikke fått verdens ånd, vi har fått den Ånd som er av Gud, for at vi skal kjenne det som er gitt oss av Gud. Det som vi også taler om, ikke

De guddommelige virkeligheter

*med ord som menneskelig visdom lærer,
men med **ord som Ånden lærer,** idet vi
tolker åndelige ting med åndelige ord.
Men et naturlig menneske tar ikke imot
det som hører Guds Ånd til; for det er
ham en dårskap, og han kan ikke kjenne
det, for det dømmes åndelig». (1 Kor 2,
9-14)*

Jeg forteller om "hvordan motta åpenbarings-
kunnskap" i flere av bøkene mine, og kommer
inn på det fra forskjellige vinklinger, så det
skal kunne finnes en solid forståelse av det. Vil
bare nevne et lite, men overbevisende og lett
forståelig poeng her. Det poenget er allerede
nevnt i boken. Vi går til Matteus-evangeliet
igjen.

*Disiplene sa: «Noen sier du er døperen
Johannes, andre Elias, andre igjen
Jeremias eller en av profetene». Jesus
sa til dem: «Men dere: Hvem sier **dere**
at jeg er?» Da svarte Simon Peter og sa:
«Du er Messias, den levende Guds
Sønn!» Og Jesus svarte og sa til ham:
«Salig er du Simon Jonas sønn! For
**kjøtt og blod har ikke åpenbart deg
dette,** men Min Far i himmelen. Og Jeg
sier deg, at du er Peter; og på denne
åpenbaring, denne klippen, urokkelige
åpenbaring, vil Jeg bygge Min menighet
(ecclesia, koinonia, fellesskap), og*

De guddommelige virkeligheter

*dødsrikets porter skal ikke få makt over
den. Og Jeg vil gi deg, Peter, nøklene til
himlenes rike, og det du binder på
jorden, skal være bundet i himmelen, og
det du løser på jorden, skal være løst i
himmelen."* (Matt 16, 14-19)

Hvilken åpenbaringens frigjørende bombe som falt

Dette ble en rystelse for alle disiplene. Nå var
de så nære de himmelske realiteter som de
noen gang hadde vært. Vil du også bli utrustet
for Herren på den guddommelige måten, som
er den eneste måten å bli utrustet på? Da vet du
veien å gå. Når Herren levendegjør/åpenbarer
Skriften for deg, vil du eksplodere av fryd. Du
vil rope ut «nå vet jeg, nå vet jeg, jeg tror det
og jeg vil leve det ut, Gud er med meg. Jeg har
troen, jeg vet hvordan få mer av den. Jeg har
kraften, jeg vet å bruke den. Jeg vet hvem jeg
er, jeg vet hvem min Herre er. Jeg vet min
Herre er i meg». Og jeg vet også:

> *"Jeg formår alt i Ham som gjør meg
> sterk."* (Filip 4, 13)

Høvedsmannen og hans syke gutt

> *"Men da Jesus gikk inn i Kapernaum,
> kom en høvedsmann til Ham og ba Ham
> og sa. Herre, min gutt ligger
> verkbrudden hjemme og pines*

De guddommelige virkeligheter

forferdelig. "Jesus sa til ham: Jeg vil komme og helbrede ham. Men høvedsmannen svarte og sa: Herre! Jeg er for ringe til at du skal gå inn under mitt tak; men **si bare et ord,** *så blir gutten helbredet. For jeg er også en mann som står under overordnede, men har stridsmenn under meg igjen; og sier jeg til den ene: Gå! Så går han, og til en annen: Kom! Så kommer han, og til min tjener: Gjør dette! Så gjør han det. Men da Jesus hørte dette, undret Han seg, og sa til dem som fulgte ham: Sannelig sier Jeg dere: Ikke en gang i Israel har Jeg funnet så stor en tro." (Matt 8, 5-10)*

Høvedsmannen hadde nok hørt om Jesu virke og undret seg over det. Nå var Jesus på vei inn i byen hans. Det var det slik at høvedsmannens gutt lå syk hjemme. Forventningen begynte å stige i høvedsmannen om at han måtte helbrede denne syke gutten. Høvedsmannen var en mann åpen for Gud, så Gud begynte å kommunisere med denne mannen som var i nød for gutten. Det begynte å vokse frem **en tro av åpenbaring** i ham. Den begynte å bli så sterk, at hvis Jesus sa et ord, så ville gutten bli helbredet. Det var også det som skjedde. Åpenbaring vil alltid gi en voksende tro.

Du kommer aldri inn i åpenbaring, hvis ikke ditt hjerte er helt åpent for Gud Fader og overgitt til Kristus Jesus. Er du det, så er alle mulighetene dine i Jesu navn.

De guddommelige virkeligheter

16

Hvordan troen fungerte i det Gamle og det Nye Testamentet

Tro i handling
"Og da Han var kommet inn i huset, gikk de blinde til Ham og Jesus sa til dem: Tror dere at Jeg kan gjøre dette? De sa til Ham: Ja Herre. Da rørte Han ved deres øyne og sa: **Det skje etter deres tro.**"*
(Matt 9, 28-29)

Dette har jeg opplevd i kampanje etter kampanje: De blinde får synet tilbake. Jeg har aldri lagt hendene på noen av dem. Men jeg har proklamert budskapet om Kristus og bedt en bønn. Folket har trodd - og tatt imot sin helbredelse fra Kristus. Mange har kommet på plattformen og telt fingrene mine for å vise at synet har kommet helt tilbake. Jeg har stått på god avstand fra dem og de har likevel lett kunnet telle fingrene mine. Dette er like fantastisk hver gang det skjer. For meg er det ekstra spesielt når en som har vært blind på venstre øyet, får synet tilbake. Selv har jeg ennå ikke sett åpenbarelsen av synet i mitt eget venstre øye. Jeg vet at ved Jesu sår har jeg fått legedom. Jeg hviler i den forvissning for mitt

De guddommelige virkeligheter

eget syn. Jeg er ikke helbredet fordi jeg ser det, men fordi Hans Ord sier det.

> *"Ved Jesu sår har jeg fått legedom."*
> *(Jes 53, 5)*

> *"Vær derfor Gud undergitt, stå djevelen imot, og han skal fly fra dere."   (Jak 4, 7)*

Sikkerheten har vi i det skrevne, levende Guds Ord, Bibelen.

> *"Uten tro er det umulig å tekkes Gud."*
> *(Heb 11, 6)*

Troen er helt nødvendig for å motta bønnesvar.

Hvordan troen fungerte i det Gamle Testamentet

Her ser vi Guds Ord, Guds befaling til Moses.

> *"Løft nå opp din stav og rekk ut din hånd over havet og skill det ad, og Israels barn skal gå midt igjennom havet på det tørre. Da rakte Moses ut sin hånd over havet, og Herren drev havet bort med en sterk østenvind som blåste hele natten, og Han gjorde havet til tørt land, og vannet skiltes ad. (2 Mos 14, 16.21)*

De guddommelige virkeligheter

Her ser vi troen i handling

Det var et stort under som skjedde her. Men troens prinsipp for å få svar på behov, er akkurat de samme enten det gjelder et stort behov - eller et lite behov. La oss lære noen enkle troens prinsipper:

«En kvinne som var hustruen til en av profeten Elisas disipler, ropte til profeten og sa: Din tjener, min mann, er død, og du vet at din tjener fryktet Herren; og nå kommer en som han sto i gjeld til, og vil ta begge mine sønner til treller. Elisa sa til henne: Hva kan jeg gjøre for deg? Hun svarte: Din tjenerinne har ikke noe annet i huset enn en krukke med salveolje. Da sa han: Gå til alle dine naboer og be om å få låne hjem noen tomme kar, bare ikke for få! Gå så inn og lukk døren etter deg og dine sønner, og hell oljen i alle karene. Og etter hvert som de blir fulle, kan du sette dem bort. Og hun gikk fra ham og lukket døren etter seg og sine sønner; de bar karene fram til henne, og hun helte i. Og da karene var fulle, sa hun til sin sønn: Bær ennå et kar fram for meg! Men han svarte: Det er ikke flere kar. Da stanset oljen». (2 Kong 4, 1-6)

De guddommelige virkeligheter

Tro i handling

Vi ser at denne handlingsmåten, disse troens prinsipper, ikke er forenelige med sansenes verden. Men det skal det heller ikke være. Dette er Guds prinsipper, Skaperen av hele Kosmos. Vi beveger oss ikke på et fysisk, menneskelig plan. Vi beveger oss med Gud på et guddommelig, åndelig plan. Her er det troens prinsipper, mulighetenes prinsipper. Kvinnen fylte olje i absolutt alle kar hun fikk tak på. Her kom velsignelsen så lenge det var rom til den. Hun fikk betalt gjelden og det var mer enn nok til familien for å leve velsignet videre. **Kvinnen gjorde det usannsynlige, og det usannsynlige ble det synlige - ved troens handling.** Den åndelige seieren ble gjort fysisk/virkelig gjennom et troende menneske som kanal. Så lenge vi har bevisste behov og kommer bevisst til Herren, og handler bevisst på Guds løfter i tro, i ydmykhet - så er svaret fra Gud vårt, i Jesu navn. Vi leser videre:

*«Og Elisa sendte bud til ham og lot si: **Gå og bad deg syv ganger i Jordan!** Så skal ditt kjøtt bli friskt igjen, og du skal bli ren. Da ble Naàman vred og dro bort og sa: Jeg tenkte at han ville komme ut til meg og stå fram og påkalle Herren sin Guds navn, og føre sin hånd frem og tilbake over det syke sted og ta bort spedalskheten. Er ikke elvene ved Damaskus, Abana og Parpar, bedre enn*

De guddommelige virkeligheter

*alle Israels vann? Kunne jeg ikke bade meg i dem og bli ren? Og han snudde om og dro sin vei i sinne. Men hans tjenere trådte fram og talte til ham og sa: Min far! Dersom profeten har **pålagt deg noe vanskelig,** ville du da ikke ha gjort det? Hvor mye mer når han bare sier til deg: Bad deg, så skal du bli ren! **Da dro han ned og dukket seg syv ganger** i Jordan etter den Guds manns ord. Og hans kjøtt ble friskt som på en liten gutt, og han ble ren». (2 Konge 10, 10-11)*

Lydigheten på Guds **skrevne** Ord og lydigheten på Guds **talte** Ord: Det talte Ord er helt på linje med det skrevne Guds Ord. Troens enkle prinsipper i ydmykhet, er måten Gud har latt Sitt Ord fungere gjennom Sine skapninger, menneskene.

Tro i aksjon, troens lydighet
Hvordan troen fungerte i det Nye Testamentet

Jesu tjeneste

"Deretter sier Jesus til mannen: Rekk ut din hånd! Og han rakte den ut, og den ble frisk igjen som den andre."
(Matt 12, 13)

De guddommelige virkeligheter

Denne mannen hadde en vissen hånd (v 10), en lam hånd. En lam hånd kan man ikke bevege, den er uten kraft. Jesus ba mannen rekke ut den lamme hånden. **Armen ble ikke løftet fram av en menneskelig, fysisk mulighet – men på Guds Ords mulighet.** Armen til mannen ble løftet fram, noe han ikke klarte å gjøre selv. Mannen gjorde det umulige. Hvordan kunne det skje at han løftet armen fram? Jo, fordi mannen ikke løftet hånden ut ifra en menneskelig fysisk mulighet, men han løftet den på **Guds Ords mulighet.** Han viste en troens lydighet mot Guds Ord, som sier:

"Ved Jesu sår har du fått legedom."
(Jes 53, 5)

Han viste troens lydighet ved handling.

Peters tjeneste

"Og med stor kraft bar apostlene fram vitnesbyrdet om den Herre Jesu Kristi oppstandelse, og det var stor nåde over dem alle." (Apg 4, 33)

"Så de bar de syke ut på gatene og la dem på senger og benker for at endog skyggen av Peter kunne overskygge dem når han kom. Ja, også fra de omkringliggende byer kom de sammen i mengder til Jerusalem, og førte med seg

De guddommelige virkeligheter

syke og folk som var plaget av urene
ånder. Og de ble alle helbredet."
(Apg 5, 15-16)

Dette er det så fantastisk å lese:

"Jesus Kristus er i dag, i går den
samme, ja til evig tid." *(Heb13, 8)*

Dette har også vært bannerets inskripsjon over
plattformene mine i alle år. Jeg valgte å tro at
alt som skjedde i Bibelens dager, kunne Jesus
også gjøre igjennom meg i dag. Spørsmålet var
om jeg var **villig til å tro det** og **gå** ut på det.
Jeg bestemte meg for å gjøre det.
De satte sin tro i bevegelse -
som du også kan gjøre
Mange ting begynte å skje uten min
innblanding, nemlig at mennesker kom til
møtene med alle mulige oppfinnelser av
transportmidler. De satte sin tro i bevegelse. De
ville motta sin helbredelse og utfrielse fra den
Jesus jeg talte om i møtene. Deres egen tro på
budskapet jeg forkynte, brakte helbredelsen og
utfrielsen til dem - veldig ofte mens jeg sto og
talte. De tok sin helbredelse og utfrielse direkte
fra Kristus, på Hans Ord som jeg forkynte dem.
Det hadde ingenting med meg å gjøre, bortsett
fra at jeg **forkynte Kristi Ord,** som
selvfølgelig var en nødvendighet.

Skyggen falt på folket

Her fant jeg også en løsning jeg ville gjøre i tro
til Gud i møtene: På kvelden, når mørket kom
sigende på, fikk jeg lyskastere til komme inn
på meg fra en bestemt vinkel, som gjorde at
skyggen min falt på folket. Det som da skjedde,
var at mennesker ble helbredet når skyggen falt
på dem. Jeg fortalte i løpet av talen, at skyggen
min vil falle ned på dem, og at Jesu seier til
helbredelse vil helbrede dem. Det var akkurat
det som skjedde. Mange mennesker opplevde
helbredelse idet skyggen falt på dem.
Vi kan strekke vår tro ut til å tro alle Guds
muligheter for oss.

> *"Jesus sa: Alt er mulig for den som
> tror." (Mark 9, 23)*

Ingenting er umulig.

Paulus tjeneste

> *"Og i Lystra satt det en mann som ikke
> hadde kraft i føttene, da han var vanfør
> fra mors liv av, og som aldri hadde
> kunnet gå. Han hørte Paulus tale. Denne
> så skarpt på ham, og da han så at han
> hadde tro til å bli helbredet, sa han med
> høy røst: Reis deg og stå opp på dine
> føtter! Og han sprang opp og gikk
> omkring." (Apg 14, 8-10)*

De guddommelige virkeligheter

Jeg husker en lik historie fra min første
kampanje i India, hvor jeg kom til en by hvor
det kun var hinduer (noe som gjelder de aller
fleste byer og steder i India). Jeg fikk trykket
opp noe reklamemateriale hvor det sto:

> *"Jesus Kristus i dag, i går den samme,
> ja til evig tid." (Heb 13, 8)*

Mengdevis av mennesker kom til første møtet
for å motta helbredelse. Mange hinduer ble
helbredet før frelsesbønn ble bedt, mange
demonplagede mennesker ble også satt fri.

Nødvendigheten av å gi sitt liv til Jesus etter utfrielse

Etter dette var ferdig, ga de sine liv til Jesus
som Herre og Frelser. Det er det helt
nødvendig å gjøre, hvis ikke kommer
demonene tilbake syv ganger sterkere. Hør på
dette:

> *"Når den urene ånd er faret ut av et
> menneske, går den igjennom tørre steder
> og søker hvile, men finner den ikke. Da
> sier den: Jeg vil vende tilbake til mitt
> hus, som jeg for ut av. Og når den
> kommer dit, finner den det ledig og feid
> og pyntet. Så går den bort og tar med
> seg syv andre ånder, verre enn den selv,
> og de går inn og bor der, og det siste
> blir verre enn det første. Slik skal det*

De guddommelige virkeligheter

også gå denne onde slekt." (Matt 12, 43-45)

Den unge gutten med polio, Modabidri, India

Et mirakel jeg ikke vil glemme fra det første møtet, var en ung gutt som satt på bakken foran plattformen, med tynne bein. Han hadde polio. Da jeg var ferdig med å tale, ba jeg for de syke, og ba dem gjøre hva de ikke kunne gjøre før. Mange ble helbredet, men den unge gutten med polio, satt og kikket på meg med bestemte øyne. Da pekte jeg ned på ham og ropte i mikrofonen: «Stå opp og gå!» Han begynte å reise seg, men falt ned igjen. Han prøvede tre-fire ganger, og jeg ropte hver gang i mikrofonen: «Stå opp og gå!» Fjerde gangen kom han helt opp på de tynne beinene - og begynte å gå. Han gikk frem og tilbake og takket Jesus for sin helbredelse. Bak plattformen hadde de som var plaget av demoner samlet seg. Demonene kom ut av dem alle, med en befaling i Jesu navn - og de ga sine liv til Jesus. Det er så fantastisk å få lov til å være en del av dette. Jeg står der og ser Herren Jesus gjøre verket. Vi leser videre:

"Og usedvanlige kraftgjerninger gjorde Gud ved Paulus hender, så endog tok de lommetørklær eller forklær som Paulus hadde hatt på seg og bar til de syke, og

De guddommelige virkeligheter

sykdommene vek fra dem, og de onde
ånder for ut." (Apg 19, 11-12)

Lommetørklær, de sykes klær
I møtene verden over, har vi brukt alt som var
mulig å bringe til de syke som ikke kunne
komme til møtene, slik at de kunne ta imot sin
helbredelse og utfrielse fra onde ånder. Det er
ikke få liter olje som har blitt brukt over disse
plagg. Uttallige lommetørklær og mengdevis
med tøy, og alle andre ting, har blitt brukt som
et troens kontaktpunkt. Det går ikke å telle alt
det som har skjedd av Guds inngripen i
menneskers liv på denne måte. Å gjøre slike
ting har vært en fast del av min tjeneste i flere
tiår verden rundt. Det fantastiske er at Gud har
alltid stått bak Sitt eget Ord, til redning for
mennesker på alle livets områder.

Hvis ikke du helbreder dem, så gjør jeg det
Det å se alle menneskers håp og ydmykhet når
de kommer til møtene, med et dypt ønske i sitt
hjerte om utfrielse fra sine plager, gjør at en
virkelig forstår at det er ved Guds kjærlighet og
nåde alt dette skjer. Jeg husker i et av møtene i
India hvor mange var med fra Vesten. Da var
det en som sto opp og ropte da han så all
nøden: «Om ikke du helbreder dem, Jesus, så
gjør jeg det!» Nøden er så stor og den griper
deg. Har du aldri før forstått det, så forstår du
det da, at det **bare er Jesus som kan redde**
mennesker fra Satan og demonenes grep.

De guddommelige virkeligheter

"Slik også med troen: Har den ikke gjerninger/handlinger, er den død i seg selv. For som legemet er dødt uten ånd, så er troen død uten gjerninger/ handlinger." (Jak 2, 17.26)

"Og vil du vite det, du dårlige menneske, at troen uten gjerninger er unyttig? Abraham vår far, ble ikke han rettferdiggjort ved gjerninger da han ofret sin sønn Isak på alteret? Dere ser at mennesket blir rettferdiggjort ved gjerninger, og ikke ved troens tale alene." (Jak 2, 20, 21.24)

17

Skap om dine omgivelser:

"Han talte og det skjedde, Han bød og det sto der." (Salme 33, 9)

1 Se tingene slik Gud ser dem
"Gud sa"

Vi ser det helt fra begynnelsen i 1 Mosebok, Gud Jehova taler. Ordet **Jehova** fra hebraisk betyr **"Den selveksisterende som åpenbarer Seg og er evig."** Da er det enkelt å forstå, for den som vil tro det, at Guds Ord er de skapende Ord i enhver sammenheng.

Selve skaperkraften er "Ordet" - som er Gud Jehova

I Ordet, som er Gud Jehova, ligger alle mulighetene i Kosmos for hva Gud Jehova kan gjøre. Som et eksempel har vi Jesajas 53, 5:

"Ved Hans sår har vi fått legedom."

Når denne sannhet uttrykkes i ord, i tro til Gud - og vi aksepterer det ved å gjøre det praktisk - så skjer det. Ordets levendegjørende kraft, fører det uttrykte fram til en fysisk virkelighet. Spørsmålet er bare hvilke fakta vi legger i

De guddommelige virkeligheter

Guds Ord som er skapende, og at vi tror det.
Gud Jehova er Ordet, dette er en fantastisk
virkelighet, når det går opp for oss i
guddommelig åpenbaring.

**Når du plutselig ser det og forstår det, da
tror du det**
Jeg tar med et par bibelsteder på dette:

> *"Guds Ord er levende og kraftig og
> skarpere enn noe tveegget sverd og
> trenger igjennom, inntil det kløver sjel
> og ånd, ledemot og marg, og dømmer
> hjertets tanker og råd." (Heb 4, 12)*

> *"Men uten tro er det umulig å tekkes
> Gud; for den som kommer fram for Gud,
> må tro Han er til, og at Han lønner den
> som søker Han." (Heb 11, 6)*

Vi må tro at det ord vi taler ut er **skapende,**
gjennom oss og for oss. Gjør vi ikke det, vil det
ikke virke for oss. Gjør vi det, vil det virke for
oss, i Jesu navn.

> *"Tro er full visshet om det som håpes,
> overbevisning om ting som ikke ses."
> (Heb 11, 1)*

Dette kan ikke uttrykkes bedre. **Vi må se
tingene slik Gud ser dem.**

De guddommelige virkeligheter

"I begynnelsen var Ordet og Ordet var hos Gud og Ordet var Gud." (Joh 1, 1)

Se slik Gud ser, se slik Ordet ser.

"Han talte og det skjedde, Han bød og det sto der." (Salme 33, 9)

Guds Ords seirende svar er absolutt - det vil være ditt ved Guds åpenbarte tro til deg
Tror vi løftene, så har vi dem. Les igjen Hebreerne 11, 1. Du vil se at **Gud er Ordet** og fører det frem til seier i tro. Troen er også fra Gud ved åpenbaring. **Uten den åpenbarte troen fra Gud, tror du ikke.** Da vil du eventuelt håpe. Eller i ytterste konsekvens hevde å ha noe du ikke har. Ser du den absolutte **troens virkelighet** som du må ha for svar på dine og andres behov.

"For alle de som tok imot Ham, Jesus, ga Han rett, kraft (gresk) til å bli Guds barn, dem som tror på Hans navn." (Joh 1, 12)

"For Ordet om korset, er vel en dårskap for dem som går fortapt, men for oss som blir frelst (reddet), er det en Guds kraft." (1 Kor 1, 18)

Gud talte/taler krafts Ord, skapende Ord, Ord av autoritet.

2 Forandring av omgivelsene starter alltid med deg

"Jesus sa: Hva hjertet flyter over av, taler munnen." (Matt 12, 34)

Skal du forandre dine omgivelser, må du starte med deg selv. **Ord** er selve hemmeligheten til å få ting til å **bli virkelighet.** Dette gjelder også i negativ sammenheng. Sår du bare negative ord rundt deg, så er det også det negative du vil høste. Derfor er det helt feil å legge skylden på ting rundt deg, for at ting ikke er så bra med deg. Alt angående ditt liv, starter med deg. Vil du leve et liv i seier, så få seieren fram i deg - da vil du automatisk spre den rundt deg. Alle vil se seieren i deg.

Tal som Guds Ord

"Om noen taler, han tale som Guds Ord." (1 Peter 4, 11)

Vi skal ikke tale **om** *Guds Ord, kanskje det blir talt negativt om det. Vi skal tale* **som** *Guds Ord. Skapende, levende og positivt. «Tungen er et lite lem, og taler dog store ord». (Jak 3,4-6)*

De guddommelige virkeligheter

Det du taler former deg. Det gir oss et liv som også former dine omgivelser. Er du negativ, blir alt rundt deg negativt. Taler du positivt, da er du positiv - og alt rundt deg blir positivt. Ser du viktigheten i det lille lemmet tungen? Men det styres av tankene! Ordene i ditt tankeliv kommer til uttrykk via tungen.

Tre skritt til forvandling
A) Tenk

Hva tenker du? Som jeg akkurat nevnte:
Tenker du negativt, blir det et surt miljø rundt
deg. Tenker du positivt, tenker du Guds Ord,
får du et positivt miljø rundt deg. Vi må **bevisst
trene oss opp til å la Guds Ord bli det
rådende i vårt tankeliv** i enhver situasjon. Da
vil det bli det vi tenker og taler ut, som igjen
forandrer våre omgivelser.

> *"Min sønn! Glem ikke Min lære, og la
> ditt hjerte bevare Mine bud! La ikke
> kjærlighet og trofasthet vike fra deg,
> bind dem om din hals, skriv dem på ditt
> hjertets tavle! Sett din lit til Herren av
> hele ditt hjerte, og stol ikke på din
> forstand (kunnskap fra dine sanser, som
> kommer fra omgivelsene og er direkte
> "input" fra Satans tankepiler!) Tenk på
> Ham, Gud, Hans Ord, på alle dine
> veier! Så skal Han gjøre dine stier rette.
> Vær ikke vis i egne øyne, frykt Herren
> og vik fra det onde!" (Ord 3, 1.3.5-7)*

> *"Bli forvandlet ved fornyelsen av deres
> sinn." (Rom 12, 2)*

18

"For å hellige den, menigheten, idet Han renset den, ved vannbadet i Ordet." *(Ef 5, 26)*

Går vi til grunnteksten får vi en dypere forståelse. Jeg nevnte her ordene

hellige som betyr "sette tilside for Gud"(gresk). Og **menigheten** (ecclesia, gresk) som betyr «de utvalgte, de som samles/treffes på torgene og markedsplassene». Da ser vi hvilke sinn som skal forvandles ved fornyelse ved hard innsats og bruk av viljelivet i Guds Ord. Fornyelsen skjer ikke som den nye fødsel, ved et under der og da, men ved **langsiktig arbeid** gjort av deg.

B) Tal

"Paulus sa: Ordet er deg nær, i din munn og i ditt hjerte, det er troens Ord som vi forkynner." (Rom 10, 8-9)

"Det hjertet flyter over av, taler munnen." (Matt 12, 34)

De guddommelige virkeligheter

Det som opptar oss, taler vi
Dette er en fin måte å måle "temperaturen" på mennesker på, lytte til hva de taler.

> "Og de (du og jeg) seiret over ham, Satan, i kraft av lammets (Jesu) blod og de Ord de (vi) vitnet." (Åp 12, 11)

> "Derfor hellige brødre, (de frelste, tilsidesatte for Gud, som har fått del i et himmelsk kall), gi akt på den apostel og yppersteprest som vi bekjenner, Jesus." (Heb 3, 1)

Du låser eller lukker opp ditt eget liv - ved din bekjennelse
Slik du **bekjenner** Jesus, slik **er Han** for deg! Større kan Han ikke være for deg. Du låser eller lukker opp ditt eget liv, ved din bekjennelse!

c) Handle
Dine handlinger, din utøvelse av Guds Ord.

> "Vis meg din tro uten gjerninger (handlinger i praksis på Ordet) og jeg skal vise deg min tro av mine gjerninger." (Jakob 2, 18)

Ordet **gjerninger** i dette verset betyr fra gresk "handlinger i praktisk utøvelse". Her er det

De guddommelige virkeligheter

ikke snakk om lovgjerninger, men **tro i handling.**

Tro i handling

> "Og i Lystra satt det en mann som ikke hadde makt i føttene, da han var vanfør fra mors liv av, og som aldri hadde kunnet gå. Han hørte Paulus tale. Denne så skarpt på ham, og da han så at han hadde **tro** til å bli helbredet, sa han med høy røst: Reis deg og stå opp på dine føtter! Og han sprang opp og gikk omkring." (Apg 14, 8-10) Her ser vi igjen det samme som med den gutten med polio i India, som jeg fortalte om tidligere i boken.
> "Og se, en Herrens engel sto der, og et lys skinte i fangerommet og han støtte Peter i siden og vekket han opp og sa: Skynd deg og stå opp! Og lenkene falt av hans hender. Og engelen sa til ham: Bind opp om deg og knytt dine sko på deg! Han gjorde så. Og han sier til ham: Kast din kappe om deg, og følg meg! Han gikk da ut og fulgte ham, og forsto ikke at det som engelen gjorde, var virkelig, han trodde han så et syn."(Apg 12, 7-9)

Les til og med vers 16.

De guddommelige virkeligheter

Her ser dere at Peter sitter i fengsel, og
mulighetene for henrettelse var helt åpenbar.
Men han sov og ble vekket av en engel fra
Gud. Han klarte å være rolig i denne fryktelige
situasjonen han var i. Han hvilte i tillit til Jesu
seier. Den **troens åpenbaring** på dette som han
hadde i seg, gjorde Peter til en overvinner i
situasjonen. Han **forventet** at Gud skulle redde
ham ut. Da engelen kom, handlet Peter
automatisk, uten å tenke seg om. Han gjorde
som engelen sa, og det fikk ham ut av
fangehullet. Jeg har skrevet mer utfyllende om
denne historien andre steder, men tar med det
som var viktig i denne sammenheng. Peter
handlet ubevisst, på en **tro** han hadde bevisst i
seg.

Troens resultater kom
Han forsto det ikke med sin forstand. Det er
heller ikke forstanden og tankene vi bygger på,
men troen på Guds Ord. Når åndens
virkelighet, i Ordet, blir mer bestemmende i
våre liv enn sansekunnskapen (som kommer fra
livets omgivelser), da blir vi mennesker som
handler på Guds Ord, selv om vi ikke forstår
det. Troens resultater vil da åpenbare seg i det
fysiske for oss.

4) Du høster det du sår

*"For det som et menneske sår, det skal
han også høste. For den som sår i sitt*

*kjøtt, skal høste fordervelse av kjøttet;
men den som sår i Ånden, skal høste
evig liv av Ånden."
(Gal 6 7-8)*

*"Dere har pløyd ugudelighet, dere skal
også høste ugudelighet." (Hos 10, 13)*

*"Etter det jeg har sett, har de som
pløyde urett og sådd nød, også høstet
det." (Job 4, 35)
"Løft deres øyne og se, markene er alt
hvite til høsten!" (Joh 4, 35)*

Ser du at det er livsviktig å følge de punktene
jeg her har nevnt. Følger du de, vil de bringe
deg fram til Åndens høst og ikke kjøttets høst.

**5) Vi er skapt til helse og overflod av alt
som godt er**

*"Du elskede, jeg ønsker at du i alle
deler skal ha det godt, og være ved god
helse, likesom din sjel har det godt."
(3 Joh 2)*

*"Jesus sa: Jeg har kommet for at dere
skal ha liv og liv i overflod."
(Joh 10, 10)*

Dette var Guds program for Adam og Eva.
Men deres **ulydighet** imot Gud, gjorde at Gud

De guddommelige virkeligheter

måtte få dem ut av Edens hage, ut av overfloden av alt som godt er, men vi som gjenfødte mennesker i Kristus Jesus, vi går inn der.

> *"Den som tror på Meg som Skriften har sagt, av hans liv skal det renne strømmer av levende vann." (Joh 7, 38)*

Guds rike velsignelser til oss
Leser vi 5 Mosebok fra vers 1-14, så får vi med oss Guds rike velsignelser til oss. Slå opp i Bibelen og les dette. Les også 2 Mosebok 15, 26. La Gud få føre deg inn i overflodslivet. **Forstå det, aksepter det, våg å leve det ut i praktisk handling. Trening gjør mester.**

Døden

19

Døden betyr ikke at mennesket opphører å eksistere, men at det blir utestengt fra det virkelige livet i Gud. Døden inntrer ikke øyeblikkelig i sin definitive form. Den gjennomgår en utvikling, inntil den til sist blir definitiv og evig. Det er tale om tre forskjellige trinn i dødsprosessen; åndelig, legemlig og evig død.

I Den åndelige død

inntrådte hos de første mennesker i og med syndefallet.

> *"Og Gud bød menneskene: Du må fritt ete av alle trær i hagen; men treet til kunnskap om godt og ondt må du ikke ete av. For på den dag du eter av det, skal du visselig dø."*
> *(1 Mos 2, 16-17)*

Videre sier Bibelen:

> *"Men om frukten på det tre som er midt i hagen, har Gud sagt: Dere skal ikke ete av den og ikke røre ved den, for da skal dere dø." (1 Mos 3, 3)*

De guddommelige virkeligheter

Denne form for død kalles åndelig død,
adskillelse fra Gud.

> *"Så viste Gud Herren ham ut av Edens
> hage og satte ham til å dyrke jorden,
> som han var tatt av. Og Han drev
> mennesket ut, og foran Edens hage satte
> Han kjerubene med det luende sverd
> som vendte seg hit og dit, for å vokte
> veien til livsens tre." (1 Mos 3, 23-24)*

> *"At dere på den tid stod utenfor Kristus,
> utelukket fra Israels borgerrett og
> fremmede for paktene med deres løfte,
> uten håp og uten Gud i verden." (Ef 2,
> 12)*

Alle er av naturen åndelig døde, skilt fra Gud.
Menneskets ånd har et liv, men for Gud er den
død av synden.

II Den legemlige død.
Da det er en organisk forbindelse mellom
legeme og sjel, måtte syndens straff og følger
også virke på menneskets legeme. Slik kom da
den legemlige død inn i verden.

> *"Derfor, likesom synden kom inn i
> verden ved ett menneske, og døden ved
> synden, og døden således trengte*

De guddommelige virkeligheter

*igjennom til alle mennesker, fordi de
syndet alle."* (Rom 5, 12)

Adskillelsen mellom menneskets legeme og
sjel er altså et ledd i en destruktiv prosess.

> *"For ettersom døden er kommet ved ett
> menneske, så er også de dødes
> oppstandelse kommet ved ett menneske,
> for liksom alle dør i Adam, så skal og
> alle levendegjøres i Kristus."* (1 Kor
> 15, 21-22)

III Den evige død

Dette er siste utviklingstrinn i dødsprosessen,
der den får gå sin gang uhindret. I den evige
død er den åndelige død definitiv. Den evige
død eksisterer fremdeles, men er for alltid
avskåret fra det virkelige livet - livet i Gud.

> *"Da skal Han også si til dem ved Sin
> venstre side: Gå bort fra Meg, dere
> forbannede, i den evige ild, som er
> beredt djevelen og hans engler."*
> (Matt 25, 41)

Og disse skal gå bort til evig pine, men de
rettferdige til evig liv. Den evige død er dødens
fullendte og endelige form. Derfor omfatter
den mennesket til ånd, sjel og legeme.

IV Dødsriket

I følge Jesu lære er dødsriket oppdelt i to avdelinger av helt motsatt karakter. Det onde og det gode overflyttes umiddelbart etter døden for å vente på oppstandelse og evig dom.

I den ene avdelingen, "Abrahams skjød" (eller Paradiset), samles umiddelbart etter døden de rettferdiges sjeler til glede og salig forventning. Mens de urettferdige føres til den annen avdeling, et "pinens sted". Der samles dem som har tilsidesatt Guds vilje slik den er åpenbart i loven og den profetiske forkynnelse. (Luk 16, 29-31) Den som forkaster Guds nådes åpenbarelse, i ord og gjerning gjennom Kristus og Hans sendebud, forkastes av Gud selv og forvises til dette pinens sted.

"Den fattige døde, han ble båret bort av engler i Abrahams skjød; men også den rike døde og ble begravet. Og da han slo opp øynene i dødsriket, der han var i pine, da ser han Abraham langt borte og Lasarus i hans skjød. Da ropte han: Fader Abraham! Forbarm deg over meg og send Lasarus, for at han kan dyppe det ytterste av sin finger i vann og svale min tunge for jeg pines storlig i denne lue. Men Abraham sa: Sønn! kom i hu at du fikk ditt gode i din levetid, og Lasarus likeså det onde! Men nå skal han trøstes her og du pines."
(Luk 16, 22-25)

De guddommelige virkeligheter

Den som velger Kristus i nådens
tidshusholdning, går til "Paradiset" når han/hun
dør

> "Og Han (Jesus) sa til ham: Sannelig
> sier Jeg deg: I dag skal du være med
> Meg i Paradis."

De som har opplevd Kristi gjerninger og
evangeliets forkynnelse - og ikke tar et
standpunkt for det - går til "pinens sted." (Luk
23, 43)

> "Og du Kapernaum, som er blitt
> opphøyet like til himmelen; like til
> dødsriket skal du bli nedstøtt. For
> dersom de kraftige gjerningene som er
> gjort i deg var gjort i Sodoma, da var
> det blitt stående til denne dag"
> (Matt 11, 23)

Dødsrikets oppgave og makt er temporær. I de
ulike avslutningsfasene i Guds frelsesplan, må
det gi sine innvånere tilbake i forbindelse med
de ulike trinn i oppstandelsen. Når den evige
dom har anvist enhver hans plass for evigheten,
er dødsrikets oppgave løst. Men inntil den tid,
er alle i forvaring i dødsriket. Enten i
"Abrahams skjød", eller i et "pinens" sted. Det
er ingen mulighet for et menneskes ånd å
forlate dette åndelige området. Ut av
"Abrahams skjød" eller "pinens sted", vil man

ved Guds suverene autoritet, og på grunn av egne viljebeslutninger i livet før døden, bli overført til sitt evige bestemmelsessted etter den evige dom.

V Det er demoner som trer frem

Så enhver spiritistisk seanse, hvor en "person" trer frem i et "medium", er det ikke personen som søkes som trer frem, men en demon. De har den tilgjengelighet i våre omstendigheter og liv som de blir gitt. De utgir seg for å være personen som søkes.

Vi har et eksempel på dette i Bibelen:

> *"Da sa Saul til sine tjenere: Finn meg en kvinne som kan mane frem døde, så vil jeg gå til henne og spørre henne! Hans tjenere svarte: I En-Dor er det en kvinne som kan mane.*
> *Så gjorde Saul seg ukjennelig og tok andre klær på og gikk så til kvinnen om natten, og Saul sa: Spå meg ved å mane frem en død, og hent opp til meg den som jeg nevner for deg! Kvinnen svarte ham: Du vet jo selv hva Saul har gjort, hvorledes han har utryddet dødninge-manerne og sannsigerne av landet, og hvorfor setter du da en snare for mitt liv, så du fører død over meg? Da svor Saul henne en ed ved Herren og sa: Så sant Herren lever, skal ingen skyld komme på*

De guddommelige virkeligheter

*deg i denne sak. Da sa kvinnen: Hvem
skal jeg hente opp til deg? Han svarte:
Hent Samuel opp til meg."*
(1 Sam 28, 7-11)

Denne kvinnen fra En-Dor, var en
dødningemaner. Hun skulle være i stand til å
kalle de døde frem fra døden. (Hvilket ikke er
mulig). Hun var spiritist. Hun sa til Saul at hun
hadde manet frem Samuel. Det var ikke
Samuel som åpenbarte seg, men en demon.
Denne demonen hadde kjennskap til Samuel,
og utga seg for å være ham. (Se avsnittene:
Spiritismens og dens historie, og Dødsriket).

Det står skrevet:

*"For vi har ikke kamp mot blod og kjøtt,
men mot makter, mot myndigheter, mot
verdens herrer i dette mørket, mot
ondskapens åndehærer i
himmelrommet". (Ef 6, 12)*

"Gi ikke djevelen rom!" (Ef 4, 27)

De guddommelige virkeligheter

De guddommelige virkeligheter

Del 2
Skapelsesrealiteter

Vitenskapens tanker

1 "Åpenbaringens skygger"

2 Isac Newton (1642-1726)

3 Går man inn i forskning med total gudløshet...
4 Kvantefysikk forsøker å rettferdiggjøre seg og få aksept

5 Kvantefysikk, livets mysterium og allkymi

6 Skapelsesrealiteter

7 Byggestoffer

8 Vitenskapen har 3 måter å lete etter liv på

9 En verden blindet av Satans tankespill og demonenes aktiviteter

10 Den 4. dimensjonen

11 De ugudelige filosofene

12 Filosofene

13 Kommunismen

De guddommelige virkeligheter

De guddommelige virkeligheter

"Åpenbaringens skygger"

1 Gjenfødte som studerer det Nye Testamentet, vil få "åpenbarings-skygger" av Gud Jehovas skapende allmakts kraft over sine liv. Det vil igjen gjøre at bøkenes bok, Bibelen, begynner å åpne seg, blir åpenbart på en ny måte. Da jeg med en bakgrunn som dette som begynte å lese fra 1 Mosebok 1 kapittel, ble det spennende. Nytt lys, ny åpenbaring kom over Skriften.

Dagens evolusjonister, humanister og ateister vil kun oppleve Bibelen som en helt lukket uforståelig bok. Dagens evolusjonister og ateister er av en helt annen type enn i de århundrene som har gått. I dag er det en helt klar «det finnes ingen Gud» i deres ståsted og tro. I de tidligere århundrer da forskerne forsøkte å finne livets hemmeligheter, var også troen på Gud Jehova til stede.

Nøkkelen til å "se lengre inn i skaperverket" er den nye fødsel

Gjennom den nye fødsel, det nye livet i Gud, åpnes mulighetene for åpenbaring i Skriftene. Det igjen vil gi åpenbaring i det som fokuseres på.

Hvordan få åpenbaring?

Det er kun en måte å få åpenbaring på. Det er ved å leve et innvidd, overgitt liv til Kristus Jesus som Herre. Da vil Gud Jehova, ved den Hellige Ånd, åpenbare for deg det som er tjenlig i livets situasjoner. Vi styrer ingenting av dette, Gud styrer alt. Vi får den åpenbaringen vi får, slik er det. Spørsmålet blir da, er vi **villige** til å leve et liv på denne måten? Dette blir et liv hvor Gud styrer alt, ikke du og jeg.

De ikke-troende vitenskapsmenn

Da mener jeg ikke-troende på Gud Jehova, Skaperen. Ikke-troende på Hans frelsesverk, gjennom Kristus Jesus - for enhver som tror. Med et ståsted som dette, stenges dørene for muligheten til å se inn i skaperverket - vel og merke, så langt Gud tillater det. Forskere som lever i troen på evolusjonen, kjemper en forvirrende, håpløs kamp i sin søken.

Isac Newton (1642-1726)

2 Vi kjenner Newton, som ble mest kjent for tyngdekraften og planetenes baner. Men han hadde mye mer en dette. Vitenskapshistorikeren Bett Teeter Dobbs, legger i sin biografi (fra 1991) vekt på at for Newton var sannheten **en**, men den hadde flere kilder. Vi vet jo som gjenfødte kristne, at det bare er **en kilde**. Newton sier: «Sannheten **kunne** (tvilen er her) finnes i naturvitenskapen, men også (tvil) i alkymi eller (tvil) åpenbaring fra Guds Ord, i Bibelen.

Newtons ståsted

Dere skjønner hvor Newton er i sitt ståsted. Ved å studere og forske som han gjorde, fikk han se andre sider av Guds måte å skape ting på, enn hva en forsker som ikke tror på Gud Jehova gjør. Det er helt klar, hvis vi som født-på-ny mennesker, begynner å se på ting mer i dybde, vil Gud begynne å åpenbare flere hemmeligheter for oss. Hva de hemmelighetene vil gjøre med oss, er at vi blir sterkere og sterkere i vår tro på Kristus og Hans fantastiske forløsningsverk på Golgata, i Sin Sønn Jesu Kristus.

Noe av det som gjør Newton så interessant
er at han var opptatt av mye større spørsmål,
enn forskere flest er i dag. Han ville forklare
hvor tyngdekraften kom fra og han ville finne
ut hva liv og bevissthet var. **Han var ute etter
kraften bak det skapte,** det er skaperen Gud
Jehova, som betyr «den evige, selveksisterende
som åpenbarer Seg». Det er akkurat det Gud
Jehova gjør. Han åpenbarer Seg i det skapte,
for oss mennesker i naturen, som vi som
mennesker og dyr er en del av.

**I dag vet vi mer om tyngdekraften, på grunn
av Einsteins generelle relativitetsteori og
kvantefysikken**
Der snakkes det om krumming av rommet og at
det kan finnes en partikkel som "graviton".
Men dette er først og fremst beskrivelser, ikke
forklaringer. Dette dreier seg da kun om
teorier. Og vi er ikke kommet særlig lenger når
det gjelder spørsmålet om bevissthet heller. Det
hele ligger på et teoretisk plan. Newton
oppdaget dette først, men fikk stor motstand.
Senere oppdaget Einstein det samme og ga
Newton medhold, i hvert fall på dette punkt.

Newton - var mye mer enn tyngdeloven
At Newton var så opptatt av dette er
interessant. Han er jo blitt gjort til selve
symbolet på det rasjonelle, Newtonske univers,
som er som en klokke som bare går av seg selv.
Mindre kjent er at Newton etterlot seg mer en

2,5 millioner ord om Bibelen, teologi, profeti og kirkehistorie. Det er faktisk det mest omtalte temaet i hans skrifter.

Han var enormt produktiv når det gjaldt alkymi. **Alkymi er noe magisk** (skjult) vi bare forbinder med å lage gull, men Newton så det som **nøkkelen** til å forstå hvorfor noen **stoffer kunne ha livskraft og gi opphav til liv.** I middelalderen ble alkemister brent på bål som hekser.

Påskedramaet

Dramaet rundt hele påsken og påskehøytiden var Isac Newton (1642-1726) meget opptatt av. Kanskje litt overraskende for mange. Han var jo kjent for tyngdekraften og planetbaner.

Platon er min venn, Aristoteles er min venn – men større venn er sannheten

«Hvor begge er venner, er det riktig å foretrekke sannheten», sa Newton.

Videre sa han: «Perfeksjonismen i Guds arbeid, som viser at alle ting er gjort med den største enkelhet. Han er en Gud av orden og ikke av forvirring.

Sannhet vil alltid finnes i enkelheten, ikke i mengden av forvirring av ting».

Alt det vakre

Det mest vidunderlige av solen, planetene og kometene, kunne bare komme frem fra rådet og makten av en intelligent og kraftfull væreise.

De guddommelige virkeligheter

Gud er den samme Gud - alltid, og hvor som helst

Han er alltid tilstedeværende, ikke bare virkelig, men så virkelig at vi kan ta på Ham. For det virkelige kan ikke være uten substans.

Ateisme er følelsesløst og hatefullt mot menneskeheten

Interessant å se som nevnt her, om Newtons bevissthet i sin tro på Gud

Jehova. Det er årsaken til at han oppdaget det han gjorde, det som allerede har vært her fra evighetens morgen: Det er Gud, som er kjærlighet (1 Joh 4, 8.16), som har skapt alt. Ja, har skapt hele Kosmos med dets innhold.

**Går man inn i forskning
med total gudløshet,**
vil andre "gudløsheter" på et
tidspunkt dukke opp. Uten tvil
blir kvantefysikken mer
interessant å lese, hvis man
trekker inn hinduistisk
kosmologi, psi-felt og
kvanteengler.

Kvantefysikk, er en
betegnelse på fysiske teorier
som befatter seg med materiens og
kraftfeltenes kvanteegenskaper. Det vil si: Med
det forhold at bestemte størrelser som inngår i
beskrivelsen av materien og deres
vekselvirkning, bare kan anta bestemte,
kvantiserte, verdier og ikke kan forandre seg
kontinuerlig fra en verdi til en annen.

«Revolusjon i vitenskapen», heter en bok som
kom ut i 203 som handler om dette psi-feltet.
Der sies det at psi-feltet sprer seg fullstendig
uanstrengt, uten motstand. Psi-feltet reagerer
kontinuerlig med materien på ethvert nivå,
subatomisk eller kosmisk, og virker inn på
hvordan alt levende vokser, tilpasser seg og
utvikler seg. Dette vil bli en del av dagliglivet i
verden i det neste århundre, uttales det.
Ser du hvordan **det fysiske forsøker å trenge
seg inn i det åndelige?** Ser du hvilket kaos i
forskning vi har? Ser du menneskets higen etter

å gripe tak i de åndelige virkeligheter som er her, **uten at de vil erkjenne Gud Jehova?** Satans **krigføring med tanker** er stor og ødeleggende. Det sataniske har aldri hatt slik påvirkning som nå. Som gjenfødte må vi nå forstå hva vi er, hvem vi er, hvor vi er og hvorfor vi er. Vi må reise oss i en verden som forsøker å reise seg i uvitenhet med Satans hjelp. Som gjenfødte kristne har vi bare 2 valg – leve eller dø.

Kvantehypotesen
Grunnfundamentet i kvantefysikken er en hypotese (teori) som sier at en energi kun kan opptre i bestemte porsjoner/kvanter. Hypotesen ble først fremlagt av Max Planc i 1900. Kvantemekanikken kan ses på som en slags atomteori for energi, hvor energikvantene er det udelelige elementærelement. Når energimengden minker eller øker, skjer det ikke i en flytende overgang, men i rykk og napp. Kvantehypotesen sier at energimengden kan forandre størrelse. Energimengden gjør et kvantesprang. Denne hypotesen står i sterk kontrast til den klassiske mekanikken.

Ser du dårskapen i dette?
Her finnes det ingen fornuft. Skal fornuft finnes i skaperverket, som de leter etter, må vi gå til Gud Jehova. Det er som Newton så fint uttalte: «Perfeksjonismen i Guds arbeid, viser

at alle ting er gjort med den største enkelhet.
Han er en Gud av orden og ikke av forvirring».

Sannhet er alltid enkelt
Sannhet vil alltid finnes i enkelheten, ikke i
mengden av forvirring av ting.
Isac Newton introduserte på slutten av 1600-
tallet, noe som sier at alle størrelser kan deles
opp i et ubegrenset antall størrelser, og likevel
følge den klassiske mekanikkens lover. Dette
er enkelt å forstå ut ifra et gjenfødt synspunkt i
Guds Ord med Åndens åpenbaring. Gud
Jehova er Alpha og Omega, Han er
begynnelsen og enden. Bevegelsene går evig
mot Alpha, mikro og mot Omega, makro.

Ser du det? **Alt følger Guds lover. Hvis ikke
fungerer det ikke.** Det blir og er bare et kaos
av teorier. Det er som Newton så fint uttalte:
«Perfeksjonismen i Guds arbeid, som viser at
alle ting er gjort med den største enkelhet. Han
er en Gud av orden og ikke av forvirring».

De guddommelige virkeligheter

De guddommelige virkeligheter

Kvantefysikk forsøker å rettferdiggjøre seg og få aksept

4

Hvis vi vil regne ut bremselengden til en bil, bruker vi Newtons lover for mekanikk, gravitasjon og friksjon. Vil vi regne ut hvordan elementærpartikler og atomer virker, trenger vi kvantefysikk. Dette igjen, er da bare **teorier.**

Tenk alle milliarder som blir brukt til unyttig forskning gjennom evolusjonen. Det fører ingen vei. Det er viktig å vite litt om hva verdens "kloke hoder" sysler med. Satan forsøker å vinne en seier, som han for evig allerede har tapt. Verden går inn i et større og større kaos, la oss holde oss til vår Herre Jesus Kristus, Gud Jehovas levende Sønn. Her kommer igjen Newtons ord: «Perfeksjonismen i Guds arbeid, som viser at alle ting er gjort med den største enkelhet. Han er en Gud av orden og ikke av forvirring».

Hva er kvantefysikkens prinsipper?

Vi må ta med litt mer om kaos-teoriene. Hør på denne dåraktige uttalelse: Kvantefysikkens viktigste begrep er **sannsynlighet** (nokså mulig). Hvis en kule ligger på et bord, så ligger den i ro der helt til noen dytter på den. For en kvantepartikkel kan bare si noe om

De guddommelige virkeligheter

sannsynligheten for at den ligger der. Hør videre på dårskapen: I prinsippet kan en bestemt partikkel være hvor som helst i hele universet – helt til vi ser etter. Da velger naturen ett av alle de mulige stedene ut fra en sannsynlighetsfordeling. Det er disse sannsynlighetsfordelingene kvantefysikken lar oss gjøre beregninger på. Naturen har noen få ting som alltid må være bevart. Energien kan for eksempel aldri bli borte eller dukke opp, bare gå over i andre former. Så lenge disse få bevringslovene overholdes, kan alt annet skje med visse målbare sannsynligheter – for eksempel at en partikkel plutselig er på motsatt side av en vegg, er at den forsvinner og blir til to andre partikler.

Den alternative verden

I den alternative verden har de begynt å få stor interesse for disse ting jeg her snakker om. Da igjen på grunn av denne interessen, begynner interessen også å gå fra forskerne over til det **alternative.** En ting verdt å nevne i sammenhengen, er parapsykologi.

Psykologien forsto at mennesket har en samvittighet, som ikke er koblet på personlighet. Den ligger **dypere i mennesket enn sjelen** og da er det **ånd** det snakkes om. Som vi ser, alt søker mot det åndelige! Det er der sannheten er å finne, men man kommer

ikke inn uten gjennom porten - og porten er
Jesus Kristus.

"Gå inn gjennom den trange port! For den port
er vid, og dens vei er bred som fører til
fortapelsen, og mange er det som går inn
gjennom den." (Matt 7,13)

Bibelen er veldig klar på dette punktet. **Den
åndelige verden kan oppdages andre veier,
enn det som er den riktige veien, nettopp
fordi vi primært er åndelige skapninger.**

> *«Sannelig, sannelig sier Jeg dere: Den
> som ikke går inn i fårestien gjennom
> døren, men stiger over annensteds, han
> er en tyv og en røver». (Joh 10, 1)*

Hør på denne forblindende uttalelsen: Vi kan
nå bit for bit følge dette puslespillet (kaoset),
der brikker blir satt på plass og langsomt
danner et bilde av hvordan vi faktisk kan forme
våre egne liv, noe som er helt spesielt for den
tidsepoken vi lever i på jorden nettopp nå. Jeg
håper du henger med her nå. Mennesket vil
være gud, mennesket velger løgn fremfor
sannhet. Egoet er i førersetet, Satan
oppmuntrer, New Age går fremover. **Løgnen
gjør blind.** Mennesket vil gå sin egen vei,
hvilket vi ikke er skapt til å gjøre. Vi er skapt
til å følge Guds vei med våre liv. Les min bok
«Få løsbikkja ut av din bakgårds oase» – der er
mer fordypning i Satans snedige inntakelser av
vår verden – men seieren er vår i Jesu navn.

De guddommelige virkeligheter

De guddommelige virkeligheter

Kvantefysikken, Livets mysterium og alkymi

Kvantefysikken sier at religionen lærer oss at det finnes en Gud, noe usynlig som "står over" oss, noe man ikke kan forklare, men mange tror på. Dette handler om tro, noe vi ikke kan se og noe vitenskapen ikke kan bevise - derfor vil den heller ikke forholde seg til det.

"Law of attraction"

Men den "alternative verden" åpner seg mer og mer opp for dette. Og i øyeblikket er det mye snakk om "law of attraction" eller oversatt "loven om tiltrekning". Det handler om ulike måter å håndtere gamle trossystemer på og erstatte dem med positiv tenkning og positive følelser. Her ser vi ønsket om å få alt ned på det sanselige, menneskelige planet i den fysiske verden. Det er nettopp gjennom våre sanser, ved inntrykk fra våre omgivelser og fra tanker som kommer til oss, at Satan skaper manipulerende forstyrrelser, i våre følelser og tanker.

Menneskeheten blir i stor grad **manipulert av den mørke åndeverden,** men **tror det er sin egen klokskap** og ideer.

De guddommelige virkeligheter

For tiden sier kvantefysikken at det er mange mennesker der ute som underviser "law of attraction", og jeg antar sier kvantefysikken at mer eller mindre alle er enige i at det ikke er så enkelt som bare "å begynne å tenke positivt". Flere aspekter må tas i betraktning her. Vitenskapen har faktisk begynt å gå nærmere inn på dette temaet ifølge kvantefysikken. Det virker ikke som om der er overveldende mange forskere som er interessert enda – muligens snakker vi kanskje bare om en ensom rytter, Dr. Bruce Lipton. Han har studert dette, og resultatet er at det langsomt synes å bli dannet **en bro mellom vitenskap og ånd.**

En umulig, ikke en positiv bro
Den broen det her eventuelt er snakk om, er umulig, og ikke en positiv bro. Det er som jeg refererte fra Bibelen:

> *"Sannelig, sannelig sier Jeg dere: Den som ikke går inn i fårestien gjennom døren, men stiger over annensteds, han er en tyv og en røver." (Joh 10, 1)*

Det er kun en mulighet for å komme inn i den åndelige verden på den positive siden: Det er igjennom Jesu Kristus vår Herre.
Jeg vil ikke gå noe dypere inn på disse emnene. Jeg ønsker bare å gi en forståelse av hva Satan forsøker å få til rundt oss. Gi litt kunnskap om dette, så vi kan gjenkjenne hans forsøk på å få

De guddommelige virkeligheter

dette inn blant de gjenfødte. Han vil gjøre alt han kan for at vår oppgave skal feile, nemlig i det å få evangeliet ut til hele verden under den Hellige Ånds ild og kraft, så Jesu kan komme tilbake.

Alkymi
Alkymi (arabisk, al-kimiya) er en vitenskap i eldre tid, en protovitenskap som var forløper for moderne kjemi. En alkymist blandet ulike stoff og utsatte de for varme og annen påvirkning for å forsøke å lage verdifulle ting som for eksempel gull.

Alkymi har ingen plass i moderne vitenskap, men finnes fremdeles i esoteriske kretser og kan brukes som symbolspråk for eksempel i den teoretiske psykologien. Noen mener at alkymistenes arbeid skal forstås åndelig, at det var et forsøk på å oppnå en spirituell forvandling, hvor målet blant annet var å bli et helt, og åndelig talt androgynt menneske. Blant andre Carl Gustav Jung og Jes Bertelsen arbeidet i flere år med alkymi ut fra en psykologisk forståelse. De fleste alkymister bruker Saragdtavlen av Hermes Trimegistus i sitt arbeid. Hermes Trismegistus er ofte kalt alkymiens far. Alkymien kan spores tilbake til det gamle Egypt, og finnes også flere hundre år før vår tidsregning blant sjamanistiske taoister i Kina. Alkymi sies å være en transmutasjonskunst, hvor det dreier seg om å kontrollere og styre vibrasjoner både i mikro og makro kosmos.

Vi ser helt klart umuligheten av å skape et skarpt skille mellom det åndelige og det vitenskapelige. **Det vitenskapelige fører til det åndelige, fordi virkeligheten er det åndelige.**

6 Skapelses realiteter

Skapelses realitet 1

Universene, galaksene, soler, måner, stjerner og planeter: "Grunnskapelsen"

"I begynnelsen skapte Gud himmelen og jorden." «Og jorden var øde og tom, og det var mørke over det store dyp, og Guds Ånd svevde over vannene». (1 Mos 1, 1-2)

Her har vi de første beskrivninger om alt det skapte og Skaperen selv. I disse 2 vers innehar det nok et kvantesprang i tid. Her skrives det først om makro-skapelsen i vers 1, mens det i vers 2 går over i en type mikro-skapelse, fra Guds synsvinkel. For oss mennesker er jorden i seg selv en mektig makro-skapelse. Jorden, Tellus, er en planet iblant milliarder av planeter, soler og stjerner i vår galakse, Melkeveien.

Vår galakse igjen, er en galakse innimellom milliarder av galakser i vårt univers. Vårt univers er et av mange universer. Det er nok mange flere forklaringer det kunne ha blitt gitt fra Guds side i de 2 første vers i Bibelen. Det som er oss gitt, er det Gud ville gi oss og som var tjenlig for oss. Vi forstår at Guds skapende Ånd var tilstedeværende rundt det skapte. Den var til stede for å skape mer.

Skapelsesrealitet 2
Mennesket "Skapelse med Ord, Guds Ord"

"Og Gud sa: La Oss gjøre mennesker i Vårt bilde, etter Vår lignelse, og de skal råde over fiskene i havet og over fuglene under himmelen og over feet og over all jorden og over alt kryp som rører seg på jorden. Og Gud skapte mennesket i Sitt bilde i Guds bilde skapte Han det; til mann og kvinne skapte Han dem."
(1 Mos 1, 26-27)

Her ser vi Gud nede på Sitt mikro-nivå. Han tilrettelegger med Sin skaperkraft, alt som skal gjøre livet harmonisk for mennesket. Gud ville her skape mennesket i Sitt bilde, Han ville ha mennesket til å ha fellesskap med. Han skapte det til å fungere fullkomment i all fullkommenheten det var satt ned i på jorden. For at alt skulle fungere, måtte mennesket følge livets kjøreregler, som de var skapt til å følge. Nå ser vi at mennesket er skapt i Guds bilde.

Hvordan er Guds bilde? Det beskriver
Johannes 4, 24: «Gud er Ånd».
Mennesket er først og fremst en ånd, en 4de
dimensjons skapning, uten et fysisk legeme.
Det hadde først og fremst et åndelig legeme.

Skapelsesrealitet 3
Gud skaper alt på jorden med Sine Ord

"Og Gud skapte mennesket i Sitt bilde, i
Guds bilde skapte Han det; til mann og
kvinne skapte Han dem. Og Gud
velsignet dem og sa til dem: Vær
fruktbare og bli mange og oppfyll jorden
og legg den under dere. Og råd over
fiskene i havet og over fuglene under
himmelen og over hvert dyr som rører
seg på jorden!
Og Gud sa: Se, jeg gir dere alle urter
som sår seg, alle som finnes på jorden,
og alle trær med frukt som sår seg; de
skal være til føde for dere. Og alle dyr
på jorden og alle fugler under himmelen
og alt som rører seg på jorden, alt som
det er livsånde i, gir Jeg alle grønne
urter å ete. Og det ble så.
Og Gud så på alt det Han hadde gjort, å
se, det var såre godt. Og det ble aften,
og det ble morgen, sjette dag." (1 Mos
1, 27-31)

Nå ser vi at Gud har gitt kjøreregler og autoritets-områder for mennesket. Kjøreregler for sitt personlige liv, og autoritet og styringsrettigheter for alt annet skapt på jorden. Dette for at alt skapt skulle fungere i en harmonisk balanse i all evighet.

Skapelsesrealitet 4
Gud setter "troens regler", som må følges for skaperkraft gjennom det Gamle Testamentet og det Nye Testamentet

> *"Dette er himmelens og jordens historie, da de ble skapt, den tid da Gud Herren gjorde jord og himmel: Det var ennå ingen markens busk på jorden, og ingen markens urt var ennå vokst frem. For Gud Herren hadde ikke latt det **regne** på jorden, og det var intet **menneske** til å **dyrke** jorden." (1 Mos 2, 4-5)*

Nå er vi kommet til det punktet hvor diskusjonen har gått varm på universitetene verden over i de teologiske fakulteter. Er det 2 skapelses beretninger, er dette nr. 2?
Her kommer svaret: Dette er fortsatt skapelsesberetning nr. 1 – det er kun 1 beretning om skapelsen!

Hvis vi leser 1 Mosebok 1, 3-25 ser vi at Gud talte Sitt Ord og gjorde det skapte. I kapittel 2 ser vi nå plutselig, menneskelig sett, en underlig uttalelse:

> *«Det var ennå ingen markens busk på jorden, og ingen markens urt var ennå vokst frem». (1 Mos 1, 3-25)*

For

Etter et "for" kommer alltid en forklaring på et forløp. Forklaringen her er av Guds genialitet. Guds måte å bruke Sin skapende energi, kan vi se er den samme helt fra begynnelsen her fra 1 Mosebok og ut gjennom hele Bibelen. Alt Gud skaper, skaper Han ut ifra samme modell. Så hva er modellen her?

Guds skapermodell

Nå snakker vi ikke om Guds energi, eller Guds kraft. Vi snakker ikke om hvordan den fungerer, men **hvordan den kraften settes i arbeid.** Det er visse elementer som Gud har bestemt må være på plass for å få i gang skapelsesprosessen. Den er som følger:

Det talte Guds Ord

I 1 Mosebok 1, 3-25 ser vi at Gud hele veien taler Sitt Ord - og det blir til det som det uttales å bli. Ser vi i andre kapittel, så har ennå ingen ting kommet til syne, selv om Gud i første kapittel sa det var der - og Han så det var bra. **Hva er dette for noe uforståelig for et menneskes tanke?**

1 Ordet

I kapittel 1 er det **Guds Ord** som er det **skapende element,** som kommer på plass. Den Hellige Ånds kraft ligger bak ordene, Guds Ånd ligger bak ordene. Her ser vi at Ordet har kommet på plass. Det er det samme i ny testamentlig tid. Guds Ord, med sannheten, må først på plass. Guds Ord alene er ikke nok, det må ha med **samarbeidspartnerne.**

2 Ånden, den Hellige Ånd

For Gud Herren hadde ikke latt det regne på jorden. Som element nr. 2 måtte det regne. Jeg husker jeg satt og grunnet på dette. Plutselig, som lyn fra klar himmel, så forsto jeg det. Vannet, regnet er bilde på Ånden, **den Hellige Ånd.** Den levendegjørende Ånden. Nå var samarbeidspartner nr. 2 på plass.

3 Mennesket til å tro Ordet

Samarbeidspartner nr. 3 måtte på plass, nemlig **mennesket,** som skulle være det elementet som det åndelige blir forvandlet gjennom, til å bli fysisk. Mennesket som skulle tro Ordet. Mennesket som skulle dyrke jorden. Ikke et menneske som kun skulle snakke om dyrking, men et menneske som skulle fysisk dyrke jorden.

Skapelsesrealitet 5

"Da steg en damp opp av jorden og
vannet hele jordens overflate." (1 Mos
2, 6-7)

Og Gud Herren dannet mennesket av
jordens muld og blåste livets ånde i hans
nese, og mennesket ble til en levende
sjel.

Dannet av jord

Her ser vi Gud danne/modulere **mennesket** av
jord. Her moduleres legemet i alle deler. Den
menneskelige kropp er modulert av samme
materiale som er i jorden. Videre blåste Gud
inn i menneskets nese, videre ned i bronkiene
og over i lungealveolene. Derifra gikk livets
ånde inn i blodet, som også er dannet av jord.
Nå var mennesket blitt til en levende sjel. Det
var blitt til en levende personlighet, med ånd
og sjel - inne i et legeme. Sjelen og ånden er
ånd - og legemet er jord. Nå var
samarbeidspartner nr. 3 på plass.

Skapelsesrealitet 6

"Og Gud Herren plantet en hage i Eden,
i Østen, og der satte Han mennesket som
Han hadde dannet. Og Gud Herren lot
trær av alle slag vokse opp av jorden,
prektige å se til og gode å ete av, og
midt i hagen Livsens tre og treet til

*kunnskap om godt og ondt. Og det gikk
en elv ut fra Eden og vannet hagen; og
siden delte den seg i 4 strømmer." (1
Mos 2, 8-10)*

Nå som de 3 samarbeidspartnerne var på plass
og gjorde sin del, kom alt til syne i det fysiske,
som det første kapittel talte om. **De åndelige
lover må følges!** Gjøres det, så skapes det.
Dette er samme skapermodell vi ser gjennom
hele Bibelen.

Som Jesus sa:
*«Alt er mulig for den som tror».
(Mark 9, 23)*

**Alt er skapt.
Kun Skaperen kan skape.
Det skapte er levende.
Skapelse kan ses når det skjer,
men ikke hvordan det skjer**

7

Byggestoffer
Atomer
I dag vet vi at stoffer er bygget opp av atomer. Vi har til og med metoder som gjør at vi kan lage bilder av dem. Vi har kunnskap om at atomer består av deler. En liten atomkjerne som er positivt ladd, med negative ladete elektroner som svirrer rundt.

Dette blir på samme måte som planeter "svirrer"rundt jorden, bare i en mindre målestokk, i henhold til vår fysiske størrelse. Alt rundt oss i vår verden måler vi ut ifra vår størrelse. Så alt er på en måte stort. Går vi på atomnivå og ser ut ifra den størrelsesorden, vil alt være stort ut ifra atomets størrelse. Det samme gjelder også ut i universets makrosystem. All størrelse måles ut ifra størrelsen som er i ens verden. Selv her i den fysiske verden kan vi se forskjellige verdener - ikke åndelige verdener, men fysiske.

Den åndelige verden er den virkelige verden. Men hva atom angår, vet vi med sikkerhet i dag at atomet har en lang forhistorie, som strekker seg frem til begynnelsen av forrige århundre, da fysikerne og kjemikerne ble enige om det som er hovedtrekkene i dagens atommodell.

Jeg kunne forklart mer om dette, men jeg ser ikke det som nødvendig i denne sammenheng. Men en liten forståelse er greit å ha. **Vi beveger oss på det åndelige og ikke det fysiske. Det fysiske er alltid sekundært.**

Oldtiden

Når man deler et stoff opp i stadig mindre deler, er det to muligheter. Man kan forsette å dele, og man kommer aldri til noen slutt - eller man kommer frem til en minste del som man ikke kan dele lenger. Begge mulighetene ble drøftet av oldtidens filosofer. Her er også mange ting å ta med, men jeg tror det holder med litt enkel historikk.

Nå hopper jeg fra forskning på atom fra år 400 etter Kristus og frem til år 1900. Etter en rekke forsøk hvor atomer ble bombadert med alfa-partikler, konkluderte Ernst Rutherford i 1911 at atomer måtte bestå av en tung kjerne omgitt av lette elektroner som beveget seg i baner i relativt stor avstand fra kjernen. Det har jeg allerede nevnt. Niels Bohr foreslo i 1913 en teoretisk modell for et slikt atom. Den modellen igjen ble erstattet med en teoretisk atommodell foreslått av Erwin Schrødinger i 1926.

Denne modellen er det mest presise uttrykket for dagens atommodell, den som brukes i kjemien. Den siste kjernepartikkelen, nøytronet, ble ikke funnet før i 1932 av James Chaddwick, og først da var dagens atommodell komplett. **I dag vet vi også at selv protoner og nøytroner er bygget opp av mindre partikler, som da er kvarker.**

Kvarker

Er sammen med leptonene, for eksempel elektroner, de minste byggesteinene vi kjenner til i naturen i dag. Kvarker regnes for punktformige elementærpartikler. De opptrer aldri alene, men danner par eller tripletter som kan observeres i detektorer. Protoner og nøytroner består av tre kvarker hver. Elektroner består ikke av kvarker. Navnet kvark (engelsk quark) ble introdusert av Murray Gell-Mann ut fra et sitat i Finnengans Wake av James Joyce: "Three quarks for Muster mark!" Det finnes 6 forskjellige typer kvarker. Kvarker binder seg til hverandre med glukoner. Glukoner har farge. Kvarker er materiepartikler (stoff partikler). Det meste vi ser rundt oss er bygd opp av protoner og nøytroner, som igjen er bygd opp av kvarker. Opp kvark, ned kvark, sær kvark, sjarm kvark, bunn kvark, topp kvark. Dette er kvarkenes navn.

Vitenskapen har 3 måter å lete etter liv på

Det forsøkes å finne levende organismer i vårt eget solsystem. Det lyttes etter signaler fra intelligente vesener på andre planeter. Det studeres etter forutsettninger for liv også andre steder i universet. Vi leter etter liv på steder hvor de 3 vanlige forutsettningene for liv er tilstede: Vann, energi og karbon. Alt liv vi kjenner til er basert på karbon, avhengig av vann, og hentet direkte eller indirekte fra sola. Derfor leter forskerne etter liv hvor vi finner disse 3 elementene.

Vårt solsystem, er bestående av 10 planeter. Vår galakse består av 10 talls milliarder av planeter/stjerner. Vi er bare på en galakse blant milliarder av galakser, bare i vårt univers - som igjen er et av mange univers som er større enn vårt.

Bruken av acceleratorer

Inntil for litt over 100 år siden, trodde en at atomer var stoffenes minste del. Omkring århundreskiftet ble man klar over at atomene i virkeligheten besto av noen ennå mindre deler. Elektroner, protoner og neutroner, tilsammen ble dette kalt elementærpartikler. Etter den annen verdenskrig, begynte man å tro at elementærpartiklene måtte bestå av noe som var ennå mindre. Det er hovedsakelig for å utforske dette, at man har bygget de store protonsynkrofoner.

Den andre form for spalting, skjer på omtrent samme måte, men her er det bare neutroner, i stedet for protoner, som spalter atomet. Dette har den store fordel, at det ikke skal så mye energi til. Neutroner har nemlig ingen elektriske ladninger, så den kan gå direkte inn i kjernen og spalte atomet.

Eksempel:
Et uran 235 atomer blir rammet av et neutron, kjernen blir da ustabil, og deler seg i for eksempel et barium 141 atom, og et paladium 92 atom, plus 3 neutroner. I eksemplet kan man se at det frigjøres 3 neutroner ved spaltningen. Det er disse neutroner som er hele hemmeligheten bak atombomber og kjernekraftverk.

Partikelacceleratorer brukes tradisjonelt for å eksprimentere med høyenergifysikk, der det oftest fungerer som kolliderere (colliders) der 2 partikkelstrømmer i motsatt rettning accelereras til relativistisk hastighet (nær lyshastigheten) og til slutt kolliderer i en detektor.

Et annet annvendingsområde for partikelacceleratorer er produksjon av synkronstråling. Dette ble kjent på 40-tallet og ble tatt i bruk på 60-tallet. Acceleratorers bruk før dette var til synkrotroner (derav navnet), men er vanligst lagringsringer, bygd for at partikelstrømmens livslengde i accelratoren skal være lengst mulig. Synkronstrålingen oppstår da partikelbanen bøyes av magneter inne i accelratoren.

Høyenergifysikk
Verdens største particelaccelratorer brukes til høyenergifysikk, og blant de kan nevnes Large Hadron Collider på CERN i Geneve. Fremtidens store høyenergi prosjekt menes å gjøres ved linjære accelaratorer, og planene pågår for ILC – International Linear Collider.

Et mål er å finne mindre og mindre partikler

Letingen er uten tvil etter "skaperenergi". "Skaperenergi" vil aldri bli funnet, mennesket vil aldri komme til ytterkanten av det en gang. Kun de som er født på ny, og lever sine liv med Jesus som Herre, har muligheten til å se inn i Gud Jehovas skaperverk. De kristnes Gud Jehova, er alle tings skaper. Han er Skaperen, Han er Jehova (fra gresk: den evige selveksisterende som åpenbarer Seg).

De guddommelige virkeligheter

Sine egne guder

Dette ligger på en måte i vitenskapens (evolusjonens) vesen. De ønsker å være allviterne. De ønsker være de som får taket på skapelsesmysteriet. Men det vil menneskeheten aldri klare. Det forsøkes å oppnå **lysets hastighet**, klarer man det, tror man at tiden kan stoppes. Lysets hastighet er i underkant av 300 000 km pr. sekund. Einsteins relativitetsteori blir lagt til grunn i forsøkene. Husk det er en relativitets **teori**, ikke noe med et praktisk, fysisk bevis.

Hastighet på strøm er annerledes. Det kommer an på materialet strømmen føres i og voltstyrken. Det sies med modifikasjoner, at strøm kan oppnå 2/3 av lysets hastighet.

Mennesket ønsker å finne skapelses mysteriets løsning. Hvilken vei skal lysets hastighet sendes for eventuelt å stoppe tiden? Er rom i samarabeid med lys? Er rom og lys to helt selvstendige enheter som ikke samarbeider, men kun påvirkes av hverandre fordi de er i samme dimensjon?

Her er det enkleste å overlate alt til Gud Jehova. La oss stole på Han. Det virker for meg som den mest inteligente avgjørelsen. Kun Skaperen kjenner mysteriet, ikke det skapte. Dette virker for meg forståelig.

De guddommelige virkeligheter

9

En verden blindet av Satans tankespill og demonenes aktiviteter

Nå har vi vært en liten tur innom forskningens verden. Vi ser det forskes innover i mikro-systemene og utover i makro-systemene. Begge deler er på mange måter helt nytteløst. Hvis vi ser på alt ut ifra vårt ståsted som menneske i størrelse, form og liv, så er det bare å pirke i vår egen bakgård det vitenskapen holder på med. All forskning foregår ut ifra troen på evolusjonen. Den vinkelen er helt feil og derfor blir det heller ikke resultater å snakke om.

Har vi Guds Ord, Bibelen, og et gjenfødt liv i Kristus Jesus som utgangspunkt, vil det vi gjør bli riktig. Det riktige i denne sammenheng, vil da være å ikke arbeide med forskning slik det gjøres.

Bibelen er svaret

Gud har satt så klare begrensninger for hva Han mener er forsvarlig for oss å se og "oppdage". Gud har en sikkerhets begrensning som ikke kan overskrides, uansett hvor mye mennesket forsøker på det.

De guddommelige virkeligheter

Utgangspunktet for sann forskning
Det starter ikke i det fysiske. Det fysiske er
sekundært. Bibelen sier det så klart og enkelt:

*"Så vi ikke har det synlige for øyet, men
det usynlige; for det synlige er timelig,
men det usynlige er evig." (2 Kor 4, 18)*

Her forstår vi det er snakk om en annen
dimensjon. En dimensjon som er usynlig for de
menneskelige sansene. Den dimensjonen som
da Bibelen forklarer om, er den åndelige. Som
en gjenfødt kristen, er den åndelige verden
tilgjengelig. I den grad Gud vil åpenbare
hemmeligheter om alle tings tilblivelse, så er
plassen her i Åndens verden.
Jeg tar med et annet bibelsted som gir en grei
forståelsen av den større dimensjon av
virkelighet. Det er som allerede nevnt, den
åndelige dimensjonen som er den virkelige, og
bakgrunnen for all fysisk aktivitet i universene.
Det ikke-gjenfødte mennesket har ingen
mulighet til å forstå noe av dette.

De guddommelige virkeligheter

10

**Den 4.dimensjonen
Forskere går i blinde.
Vi som er født på ny
"ser"**

*"At Kristus må bo ved
troen i deres hjerter så
dere rotfestet og
grunnfestet i kjærlighet
må være i stand til å fatte
med alle de hellige hva bredde og lengde og
dybde og høyde er. Og kjenne Kristi kjærlighet,
som overgår all kunnskap, for at dere kan
fylles til all Guds fylde." (Ef 3, 17-19)*

Vi lever i en 3 dimensjonal verden, den fysiske
verden. Her i denne fysiske verden er alt skapt
av samme grunnstoff. Det gjelder alt det skapte
i alle universer. Det er en del av de utenfor vårt
eget univers. I vårt univers er milliarder av
galakser. I hver galakse er milliarder av
stjerner, måner, planeter osv. Vår galakse er
"Melkeveien". Planeten Tellus, Jorden, som vi
lever på, er den femte minste i vår galakse.

**Alt sansene kan registrere er fysisk og
tredimensjonalt**
Et ikke-gjenfødt menneske, forholder seg kun
til det. Det er disse menneskers eneste
virkelighet. Deres verden begrenser seg til hva
deres sanser og fysiske aktivitet er i stand til å

utføre. Dette virker meget begrenset, slik jeg
ser det. For meg vil det å kun leve et liv ut i fra
de fysiske sanser, være å leve i et fengsel. Det
vil være et liv med en meget begrenset
bevegelsesfrihet. Dette er mildt sagt.

**Virkelighetens verden – den 4.dimensjonen
inn i et liv uten grenser**
Efeserne 3,16, er et kjernevers som vil åpne
øynene dine, så du forstår mulighetenes verden.
Forutsettingene er at du er født på ny og har
Jesus som Herre. Er ikke den biten på plass og
etterleves som Bibelen forteller oss vi skal
gjøre, vil ikke døren til mulighetenes verden
være åpen for deg.

Er Jesus din Herre, vil alt være mulig for deg.
Du vil kunne komme inn i en ny dimensjon og
leve i dets realitet, samtidig som du lever i den
fysiske verdens realiteter med ditt fysiske
legeme og dine fysiske sanser.

**Den fysiske verdens begrensethet – Den
åndelige verdens ubegrensethet**
Bibelstedet jeg refererte til, Efeserne 3, 17-19,
nevner 4 utregningsbenevnelser for å regne ut
en bestemt "mengde", i dette tilfellet mengden
i dybde. Det underlige er at det nevnes en
måleenhet for mye. Det man skulle måle etter
er også nevnt, nemlig dybden. Vi trenger 3
måleenheter for å måle en dybde.

De guddommelige virkeligheter

Multipliserer vi høyde, bredde og lengde med hverandre finner vi en fysisk dybde.

Kjærlighetens dybde
Her er det altså en annen dybde man er ute etter. Nemlig kjærligheten, som er nevnt som en dybde. Kjærligheten viser seg, i følge Bibelen, å være dybden i den fysiske dybden. Bibelen sier at

«Gud Jehova er Ånd». (Joh 4, 24)

Paulus sa «...ved vår Herre Jesus Kristus og ved Åndens kjærlighet». (Rom 15, 30)

1 Johannes 4,8.16 sier også at Gud er kjærlighet. Her ser vi helt klart, at Gud Jehova er Ånden - og at Gud Jehova er kjærligheten. Det viser oss klart at kjærligheten (agape) i denne sammenheng er Gud Jehovas Ånd, altså den 4. dimensjonen.

Her går vi ut Åndens verden med Gud Jehova
Et liv i Ånden er mulig for deg
Ut i en verden uten grenser. Nå forstår du Alfa og Omega, fra evighet til evighet. Det er Gud Jehova, «den evige eksisterende som åpenbarer Seg». Han **er.**

De guddommelige virkeligheter

De guddommelige virkeligheter

De ugudelige filosofene

Livsfilosofiens historie de siste 200 år, eller skulle man kalle det "døds filosofiens" historie? I det 18.- og 19. århundre skrek samfunnet etter forandring, fordi kirken og det kongelige eneveldet hersket over menneskesinnet og undertrykte menneskerettighetene. Det som da kom og ga bidrag til vår moderne livsfilosofi, kastet barnet ut med vaskevannet. De fleste filosofene som kom, hatet Gud.

De trodde på Ham

Det igjen viste at de trodde på Ham. Det måtte jo være en gud å hate. De spottet kristendommen, eller fornektet den åndelige dimensjonen. Den moderne perioden av menneskehetens historie begynte for ca. 250 år siden. Omkring 1750 begynte "intellektuelle", som siden har influert verdens tankegang, å gjøre opprør mot datidens autoriteter. Men de såkalte "intellektuelle" som skulle forandre verden og gi menneskeheten nye verdier og livsregler, ga de oss de riktige livsfilosofier? Frukten av denne filosofi-miks, som ble grunnvollen for vårt samfunn, har vist at de må ha tatt uhyggelig feil!

De guddommelige virkeligheter

Alle livsfilosofer som kom hadde en ting felles:
De var mot Gud og mot kristendommen. Guds
eksistens og den ondes problem ble fornektet.

De trodde bare på mennesket
Borgerskap, kristendom, samfunn og offentlig
moral, fikk skylden for alt ondt. Disse
fornektet, og ekskluderte helt, et
grunnleggende fundament i vår livs eksistens.

**Alle store sannheter i universet er enkle,
som for eksempel loven om å bære frukt.**
Alle vet jo at treets kvalitet kjennes på frukten
som høstes av det. Når vi nå i det nye årtusen
ser hva disse intellektuelles livs-mix har ført til
av oppløsningstendenser og sammenbrudd i øst
og vest, er det på tide at vårt samfunn stiller
noen spørsmål. Alle vet at "på frukten skal
treet kjennes", og "allting blir sin herre lik", og
"eplet faller ikke langt fra stammen".

De fleste "intellektuelle" som har formet vår
verden de siste 200 år, var ateister og
venstrevridde. (Så langt dette ord anvendes
tilbake i historien.) Men disse "intellektuelle"
var "opplyste" og samfunnsorienterte
mennesker. De hadde kjennskap til Bibelen og
kunne i alle fall der finne ut hva evangeliet sto
for. Likevel var de fleste gudshatere og fiender
av kristendommen. De forkastet dens moral og
laget sitt egen.

De guddommelige virkeligheter

Hvorfor fjernes Jesus?

Hvorfor fjernes Jesus og hele det moralske univers fra familie og ekteskap i det offentlige Norge? **Det skyldes filosofene som tok over tankene** og det ideologiske hegemoni ved våre universiteter, spesielt etter 1968.

Dette ble konsekvensene av ikke å gjøre som Guds Ord, Bibelen, lærer oss.

Paulus sier:

> *"For våre stridsvåpen er ikke kjødelige, men mektige for Gud til å omstyrte festningsverker. Idet vi* **omstyrter tankebygninger** *og enhver høyde som* **reiser seg mot kunnskapen om Gud,** *og tar enhver tanke til fange under lydigheten mot Kristus."* (2 Kor 10,4)

Ser du? **Hvert et ord har en makt bak seg, en ånd bak seg.** Enten er det den Hellige Ånd, altså Guds Ånd, eller så er det Satans (og demonenes) onde ånd. De seirende redskapene er gitt oss i Kristus Jesus, som vi da ikke har brukt inntil nå - med tyngde.

Bak hvert et ord står en ånd

Studenter som utdanner seg tar over politiske partier, administrasjoner på alle nivåer i det offentlige Norge, på skolene våre og ellers i verden. Folket fikk ikke snudd seg i sengen før kulturrevolusjonen var over. Satans flettverk har begynt å hardne til.

De guddommelige virkeligheter

Men venner, seieren er vår i Kristus Jesus! Vi må bare **vite** hva vi står over for, vi må kjenne vår fiende. Vi kan beseire vår fiende, Satan, i Jesus navn, bare vi forbereder våre åndelige våpen i den åndelige verden. Det er dette denne boken handler om.

Verden ble lurt på alle nivåer av filosofenes teoretiske tanker. Ikke praktiske, prøvede tanker som det er hold i. Og ikke minst **tidsånden,** som er et ord som lett brukes.

Tidsånden - hva er det?

Tidsånden er Satans ånd, den som forsøker å beseire hele verden.

Unge mennesker i studiemiljøer, uten livets erfaringer, er lett bytte - nettopp for tidsånden, filosofenes tanker, Satans ånd. Dette er virkeligheten. På grunn av filosofers mektige innflytelse på universiteter, i media og i kirker, ble Jesus tatt ut av grunnloven 21. mai 2012. Vi ble en sekulær stat. Sekulære stater er til nå i historien blitt "monster-stater". "Det eneste som kan redde oss fra den totalitære fare, er at vi vender tilbake til vår kristne arv og de 10 bud," sa den franske ny-filosofen, Levy.

Filosofien omprogrammerte folks tanker og innførte hjernevask i skolen

Filosofiens seier bygger på stealth-teknologien. Det vil si "skjul-det-teknikken". Akkurat som våre topp moderne jagerfly, F35 fra USA, blir "usynlige" når de angriper, blir **filosofien**

De guddommelige virkeligheter

usynlig på våre "radarskjermer". Slaget kan vinnes, men bare i den usynlige verden der fienden er. Satan bruker den usynlige teknikk, det gjør vi også. Vi har den evige, seirende, usynlige teknikk - nemlig Jesu seier på Golgata, som **hørtes ut i hele den åndelige verden** og beseiret Satan og demonene en gang for all evighet! Dette usynlige våpenet er gitt deg i Jesu navn! Bruk det!

De guddommelige virkeligheter

Filosofene

12

Jeg vil nå nevne for deg noen av Satans redskaper som har vært meget sentrale for å ødelegge menneskeheten. De er alle såkalte filosofer, om enn ikke alle like kjent. Etter å ha lest om disse, så kan man jo si til seg selv, hvem er ikke filosof?

Voltaire opphøyet menneskets **fornuft** til den **nye gud,** og trodde på opplysningsveldets frelsende makt. Dette kalles intellekt. Hm... Han gjorde hva han kunne for å nedkjempe Bibelen, til fordel for den sekulære humanismen og dens virkelighetsoppfattning.

Rousseau lærte, i motsetning til Bibelen, at mennesket av naturen er godt. Samfunnet har ødelagt det og gjort det ondt. Derfor **må staten være far** som oppdrar sine barn til å løse alle problemer, ved å skape et "nytt menneske" gjennom skoleverket og statens barneoppdragelse. Her er enda en smartings uttalelse. Ja, ja.

Charles Darwin doserte den filosofiske materialisme og lærte at materien var før ånd (smart kar), og ikke at ånden var før materien, slik som de fleste naturvitenskaps folk nå mener.

Karl Marx lærte at religion er opium for folket. Han forkynte for arbeidere, bønder og alle jordens proletarer om sitt "kommunistiske paradis". Men selv hadde han aldri satt sin fot i en fabrikk, gruve, industriarbeidsplass eller på en bondegård. Han hadde aldri levd undertrykt. Han bodde hele sitt liv i Vest-Europa og døde i London.

Nietzsche angrep ikke bare kristendommen, men også den kristne moral om kjærlighet og medlidenhet. Han kalte den for "slavemoral". Han raste mot alle verdinormer i sitt strev for å frambringe det nye mennesket, "overmennesket", som levde hinsides "godt og ondt". Snakk om drømmer.

Bertrand Russell, vår tids store "freds-apostel", forkastet troen på Gud. Han lærte at svar på alle gåter i universet kan løses av **menneskets intellekt**. Hans læresetning var: "Vi tror ikke på Gud, men vi tror på menneskets overlegenhet." Hvor stolt, hovmodig og dåraktig kan et menneske bli?

Jean Paul Sartre, støttet voldsrevolusjonen og skrøt stadig av Stalin, Castro og Mao. Han var like mye anti-kristlig som han var anti-amerikansk og anti-de Gaulle. Han lærte at mennesket skaper sitt eget livsinnhold og livskurs, ved å våge å befri seg fra alle verdinormer, og gjøre opprør mot det etablerte samfunn. Denne eksistensialisme fant grobunn både hos unge kulturrevolusjonære og de som ønsket å leve et tøylesløst liv.

Mao's "filosofiske og politiske" eksperiment kostet 100 millioner kinesere livet, da den narkomane, sexgale, ateistiske, ukultiverte landsens sønn lurte Vestens intellektuelle og radikale trill rundt. Med "Maos lille røde" **skapte han historiens største holocaust** i sitt hjemland. Jeg husker godt på realskolen og gymnaset, at noen av med-elevene mine gikk rundt med rødt Mao-merke på jakkeslaget og "Maos lille røde" i lomma. Dette var også samtidig med at ML (marxist-leninistene) var populære i politikken blant en del venstreradikale. Dette var litt før flommen inn av guruer fra India, Vannmannens tidsalder og New Age, midt på 1960-tallet. Alle som har sanser å registrere med og en hjerne å tenke med, vil klart forstå hvorfor disse selvbestaltede førere for menneskeheten – nå i det nye årtusen, **betraktes som falne guder av millioner.** Det moderne samfunn som etterlevde deres filosofier og som ser resultatene i dag, fant etter hvert ut at: "Alle ting blir sin herre lik" og "eplet faller ikke så langt fra stammen".

De guddommelige virkeligheter

De guddommelige virkeligheter

Kommunismen

13

Det er utrolig mye man kan være med på i løpet av de første barne/ungdomsår. Det var det også for meg. Jeg hadde fra tidlig barndom de åndelige elementene på meg, demonene fulgte meg frem til den dagen jeg ble frelst.

Noe jeg blant annet kom bort i, var kommunismen. Det var ikke noe bevisst valg fra min side, men det ble slik. Min fars tvillingbror giftet seg inn i en sentral kommunistslekt i Norge. Dette var rett etter den andre verdenskrig. De propaganderte herligheten i Sovjet Unionen og mønsternasjonen Romania. Begge disse nevnte områder var tragiske nasjoner styremessig sett. Sommeren 1966, da jeg var ferdig med barneskolen, ble jeg tilbudt tur til Tsjekkoslovakia av det norske Kommunistpartiet. Dette var 2 år før russernes invasjon. Sammen med andre unge skulle jeg i en måned være gjest hos det tsjekkiske Kommunistpartiet. (Det var rett etter hjemkomsten fra Tsjekkoslovakia jeg var ute for en sprengulykke og mistet synet på venstre øye). I Tsjekkoslovakia reiste vi som delegasjon rundt en hel måned. Vi var sammen med andre ungdommer fra andre skandinaviske land, inkludert Finland, og andre europeiske nasjoner forøvrig. Jeg la merke til store kors med Jesus på, nærmest på alle gårder på landsbygda, uten å tenke over det. Vi deltok på kommunistiske propaganda-møter. Jeg fikk se kommunismen i sitt rette element, uten at det imponerte meg. Jeg hadde ingen interesse for dette og deltok kun for turens skyld. Som sagt var vi ungdom fra flere europeiske land, som da skulle bli kommende kommunistledere. De hadde vel et håp om meg også, men Gud hadde andre planer!

"Hogg i"
Da måltidene skulle inntas, fikk jeg en ny opplevelse. Her var det ikke bønn eller sang for maten, her ropte alle i kor: "Hogg i"! Det var ikke mye respekt for verken Gud eller maten i det ropet. Før denne turen til Tsjekkoslovakia, hadde jeg også vært på en skandinavisk sommerleir på Rena i Norge, arrangert for potensielle kommunist-ungdommer. Det gikk på kommunistisk propaganda hele tiden. Jeg var også en periode med i kommunistenes speiderorganisasjon som het "Pionerene". For meg ble dette en del artige opplevelser - og ingenting mer enn det.

Det ble aldri mer snakk om kommunismen
Lederne på disse turene og leirene gjorde ikke annet enn å drikke - og snakke kommunisme.

De guddommelige virkeligheter

De gikk imot Guds eksistens og lovpriste
"kommunistiske mønsternasjoner", som
overhodet ikke stemte. På kveldene, etter at vi
unge hadde gått til ro, festet de utover natten.
Dette var i bunn og grunn det jeg fikk med meg
fra kommunistene. Da jeg mange år senere
kom hjem til Norge, fra mine første
møtekampanjer i Romania (og oppbygging av
barnehjem), fortalte jeg de inngiftede
kommunistene i min familie om resultatene av
kommunismen i nasjonen. Etter dette ble det
aldri mer snakk om kommunismen.

Karl Marx
Karl Marx, født 5. mai 1818 i Trier, var av
jødisk herkomst, med rabbinere både på fars og
mors siden. Han kom fra en relativt velstående
familie. Han ble kristen i sin tidlige ungdom,
og studerte mye i Bibelen gjennom årene på
høgskole. Han tilhørte den russisk-ortodokse
delen av kristenheten. Om han var frelst vet jeg
ikke. På hans eksamenspapirer fra gymnaset
sto det at han hadde god kunnskap om religion.
Han hadde god kjennskap til kristendommen
og dens historie. En mann ved navn Moses
Hess fikk overbevist ham om at kommunismen
var det eneste rette.

Den sataniske ide - kommunismen
Det var i året 1841. Karl Marx skrev i et brev
til sin far: "Et teppe har falt. Mitt helligste av
det hellige har blitt revet i stykker og nye guder

må bli installert." Dette var 10. november 1837. Han som hadde erklært Kristus i sitt hjerte, for ham var det ikke lenger slik. Han hatet nå alle guder og alt snakk om Gud. Han var villig til å bli **mannen som sparket Gud ut.** Sosialismen skulle være agnet, for å tiltrekke seg proletarene og de intellektuelle. Ja, få de til å omfavne denne sataniske ide - kommunismen. Sovjet Unionen hadde i sine tidlige år slagordet: "La oss drive ut kapitalismen fra jorda og Gud fra himmelen". Da kommunist-revolusjon brøt ut i Paris i 1871, deklarerte Communard Flourence: "Vår fiende er Gud. Guds-hat er begynnelsen til visdom."

En kristen ble en Guds-hater
Opphavet til dette blinde **Guds-hat,** la Karl Marx som et **fundament for kommunismen.** Det igjen brakte Satan og demoners sterke tilnærming gjennom vedkommende, og videre ut til tilhengerne av dette nye manifest. Etter hvert også til verden for øvrig. Han som i sin barndom og ungdom var en kristen, skrev i 1835 en stil til artium som het: "Den troendes forening med Kristus ifølge Johannes 15,1-14". Han skrev flere kristne skrifter. Den første var en kommentar til Johannes-evangeliet.
Høsten 1835 tar Marx fatt på sine studier, først i Bonn, og fra 1836 i Berlin. Allerede nå ser han ut til å ha begynt å tvile på kristendommen. I 1837 blir Marx medlem av den såkalte

"Doktorklubben" i Berlin. Dermed er det klart at han har **brutt med kristendommen**. Klubben bestod av en gruppe "unghegelianere". Medlemmene var politisk liberale, og betraktet en ateistisk kristendomskritikk som en av sine viktigste oppgaver.

Lenin (1870-1924)

Lenin kom fra adelen, trodde på Gud, og praktiserte den ortodokse religion. Da han var 16 år, overhørte han en ortodoks prest komme med uttalelser om ham til sin far. Presten sa: "Pryl ham, pryl ham, hvis han ikke lystrer". Dette brakte Lenin inn i kommunismen, ateismen - og ut av kristendommen. Lenin ble kjent som strategen og taktikeren bak Oktoberrevolusjonen i Russland i 1917. Lenin brukte opiumsbildet på en annen måte enn Marx. Religionen er "folkets opium", sier Marx. Religionen er "opium for folket", sier Lenin.

Gudsfornektere

Vi ser grunnleggeren av det teoretiske, kommunistiske manifest og den første lederen for Sovjet Unionen, var begge gudsfornektere. De fornektet og forbannet en Gud de visste levde og er verdens Skaper.

Ved å ha lest mer av disse menns biografier, ser jeg helt klart at de ble ledet over i Satans og demonenes områder og fangenskap. De visste det ikke selv. Det er ett av **Satans triks - å få deg til å tro at tankene dine kommer fra deg selv!** Er vi ikke **med** Gud, så vil vi automatisk være **imot**. Der er ingen mulighet i mellom. Bibelen sier:

> *"Den som ikke er med Meg, han er imot Meg, og den som ikke samler med Meg, han spreder. Derfor seier Jeg dere: Hver synd og bespottelse skal bli menneskene forlatt, men bespottelse mot Den Hellige Ånd skal ikke bli forlatt."* (Matt 12,30.31)

Kommunismen – et Satans angrep av dimensjoner

Kommunismen var derfor et Satans angrep av dimensjoner på verden, gjennom de 2 medier som han brukte. Først Karl Marx med det kommunistiske manifest, som da ble skrevet av Karl Marx og Friedrich Engels i et intimt samarbeid. Det ble utgitt i 1848. Lenin ble en utfører av det teoretiske budskapet. Så viser historien videre andre som har fulgt i deres spor.

Det er ikke vanskelig å se Satan og demonene bak politikken

Vi mennesker er åndelige skapninger først og fremst. I åndens verden er det kun 2 aktører. Det er Skaperen Gud Jehova, og den skapte Satan (og demonene).

De guddommelige virkeligheter

Derfor er det enten den enes tanker vi aksepterer eller den andres, og lever det ut. Er det ikke Gud vi ser skinner igjennom kommunismens politikk, så er det Satan. Det viktige er å kjenne vår fiende, så vi vet hvordan vi tar **velsignelse og forbannelse.**

Velsignelse: Det jeg ser som preget F. Engels og Karl Marx kommunistiske manifest er: De så at kristendom og velsignelse ga vekst - og skapte forskjell mellom troende og ikke-troende.

Forbannelse: De ikke-troende fikk ingen velsignelse, men derimot forbannelse og ingen vekst. Det skapte forskjell mellom ikke-troende og troende.
Dette forskjellsbilde skapte sjalusi. Videre vet vi hva sjalusi gir i sin frie form: Den gir død.

De guddommelige virkeligheter

14

Satan og demonenes frontalangrep på den kristne Vesten Religioner – Panteisme - Kristendom

Religion

Det er menneskets søken etter en gud. Og igjen **hva mennesket tenker gud er**, og hvordan de **ønsker** han skal være. Det er ikke hva Gud tenker om mennesket, Sin skapning. Og at Gud søker mennesket, Sin skapning, i Kristus Jesus, Sin Sønn. Religion har bare en formidabel motspiller - og det er kristendommen. Lever vi i en tilstand av å ha egne uttenkte meninger om hvem og hva gud er, da er panteisme en religion.

Panteisme

Det er menneskets søken etter en gud. Det forestilles at det guddommelige er overalt. Det forestilles at Gud, naturen og mennesket i virkeligheten er ett. Panteismen søker etter Gud og finner Gud i alle ting - innbiller de seg selv, ved Satans hjelp.

Kristendom

Det er **Guds søken etter mennesket**, gjennom Sin Sønn Jesus Kristus. Menneskets søken etter

De guddommelige virkeligheter

Gud er og blir en komplisert affære, som ikke
fører oss frem til kontakt med vår Gud og
Skaper. Alt Gud gjør er enkelt. Det er Han som
søker oss, gjennom Sin Sønn Jesus Kristus.
Med fundament i Guds Sønns forsoningsverk
på Golgata, for hele menneskeheten. Dette er
fantastisk, det er enkelt - og det er for alle.

15

Refleksjon

Det har vært spennende å skrive denne boken også. Meningen var jeg kun skulle skrive om ånd, sjel og legeme. Mens jeg holdt på, kom tankene til meg om å skrive om flere hovedelementer i skapelsen. Som tenkt så gjort. Jeg tror du vil få åpenbaringer fra Gud på disse områdene jeg skriver om, mens du leser boken. Mitt ønske med denne boken (og alle andre bøker jeg har gitt ut), er at de skal være lære- og veiledningsbøker for fremtiden, til Jesus kommer igjen. Bøkene mine har budskap til deg.

Forfatter, lærer, evangelist, forkynner
Tom Arild Fjeld

De guddommelige virkeligheter

Litteraturliste

Manuel Bachmann og Thomas Hofmeier:
Geheimnisse der Alchemie, Schwabe & co.ag.
Verlag. Basel 1999

Store norske leksikon

The Law of Attraction.com

Falne guder og den nye verdensordning, Aril
Edvardsen

Videre informasjoner er hentet fra Vikipedia,
Google og diverse forsknings artikler.

De guddommelige virkeligheter

I Guds jobb nr.1 - Verdensevangelisering

Tom Arild Fjeld har reist over hele verden og forkynt evangeliet siden ungdommen. De siste årene har han skrevet mange bøker, som nå kommer ut i tur og orden.

Aktuelle bøker for den tiden vi lever i.

Følg med på sosiale medier, kristne TV-stasjoner og aviser hvor han har møter og undervisning.

Vær med og støtt tjenesten regelmessig økonomisk, eller bli en praktisk partner i den.

Følg sidene www.BrotherTom.org, Tro & Visjon på Facebook og www.twitter.com

Ta kontakt på Facebook eller www.tomarildfjeld@gmail.com

Kontonummer: 1210.28.62269

De guddommelige virkeligheter

Tidligere utgitte bøker av Tom Arild Fjeld

Hvordan motta frelsens mirakel norsk, også utgitt på Bulgarsk, Rumensk, Gassisk og engelsk

Hvordan motta helbredelsens mirakel

På Barrikaden

Mer enn en overvinner

Virkelig fri

Bøker nylig utgitt av Tom Arild Fjeld

Kraften vinner krigen

Få lausbikkja ut

Den skjulte verden

Dressa opp for seier

En kriger for Kristus

Han ga sitt liv – ingen kunne ta det (norsk, engelsk)

Gå ut i all verden

Slagkraft i åndens verden

Seier over Satan

De guddommelige virkeligheter

De guddommelige virkeligheter

De guddommelige virkeligheter

www.ingramcontent.com/pod-product-compliance
Lightning Source LLC
LaVergne TN
LVHW051227080426
835513LV00016B/1460